Wladimir Porreca

Filhos
desafios e adaptações
na família em segunda união

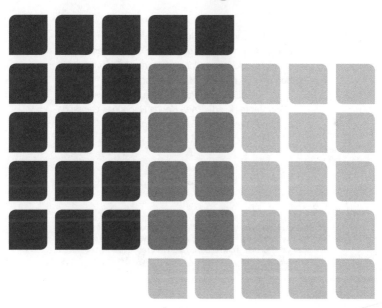

Dados Internacionais de Catalogação na Publicação (CIP)
(Câmara Brasileira do Livro, SP, Brasil)

Porreca, Wladimir
  Filhos : desafios e adaptações na família em segunda união / Wladimir Porreca. – São Paulo : Paulinas, 2012.

  ISBN 978-85-356-3134-0

  1. Casais em segunda união 2. Igreja - Trabalho com famílias 3. Pais e filhos 4. Relações familiares I. Título. II. Série.

  12-04196   CDD-259.1

Índice para catálogo sistemático:
1. Casais em segunda união : Pais e filhos : Relações familiares : Pastoral familiar : Cristianismo   259.1

Direção-geral: *Bernadete Boff*
Editora responsável: *Luzia M. de Oliveira Sena*
Copidesque: *Monica Elaine G. S. da Costa*
Coordenação de revisão: *Marina Mendonça*
Revisão: *Ruth Mitzuie Kluska*
Assistente de arte: *Ana Karina Rodrigues Caetano*
Gerente de produção: *Felício Calegaro Neto*
Projeto gráfico: *Wilson Teodoro Garcia*

1ª edição – 2012

Nenhuma parte desta obra poderá ser reproduzida ou transmitida por qualquer forma e/ou quaisquer meios (eletrônico ou mecânico, incluindo fotocópia e gravação) ou arquivada em qualquer sistema ou banco de dados sem permissão escrita da Editora. Direitos reservados.

Paulinas
Rua Dona Inácia Uchoa, 62
04110-020 – São Paulo – SP (Brasil)
Tel.: (11) 2125-3500
http://www.paulinas.org.br – editora@paulinas.com.br
Telemarketing e SAC: 0800-7010081
© Pia Sociedade Filhas de São Paulo – São Paulo, 2012

Dedico ao meu saudoso pai,
Waldomiro Porreca (*in memoriam*),
e à minha querida família.
E ainda a todos os que acreditam na
Vida em abundância, na Família e em
Deus Pai, Filho e Espírito Santo.

Minha eterna gratidão:

À minha querida família: Terezinha Aparecida Agostini Porreca (mãe corajosa e forte), Beta, Regina, Rose, Juca, Sueli, Wagner e Wilson Leandro (meus irmãos).

Aos estimados amigos bispos, em especial Dom João Carlos Petrini e Dom David Dias Pimentel, às Irmãs Filhas de São Paulo (Paulinas), Apóstolas do Sagrado Coração; aos padres, professoras(es), alunas(os), religiosas(os) e missionárias(os) que me acompanharam e apoiaram; às sempre queridas(os) e lembradas(os) paroquianas(os) da Paróquia Santa Cruz, de Santa Cruz das Palmeiras-SP, em especial àqueles que mais de perto colaboraram com esta pesquisa: Araci Silva, Dona Neta e Francisco Bueno, e os da Paróquia Imaculada Conceição, em Winnipeg/Canadá, em especial Mário, Leonor e Paulina Lima.

Aos incansáveis amigos que caminharam comigo, incentivaram e colaboraram nesta minha jornada acadêmica, em especial meu pai espiritual Mons. Orlando Ap. de Souza Pannacci, Pe. Paulo Roberto Valin dos Santos, Ir. Lucinéia Maria Ficcoto (Ir. Néia), mps, Ir. Ivonete Kurten, fsp, Marina Massini e Sandra Maria Freitas Machado.

Aos casais e filhos que participaram desta pesquisa e aos casais da Pastoral Familiar, em especial do Regional da CNBB Sul 1.

E, por fim, à estimada e corajosa professora Dra. Regina Helena Lima Caldana, que acreditou em meus anseios de pesquisa e orientou este estudo com disponibilidade, de forma exigente, crítica e criativa, aliando rigor, experiência e paciência nas orientações, conjugando fraternidade e anseio pela verdade.

Sumário

Iniciando a conversa sobre relações familiares............9

Um convite...............17

Seguindo um ideal...............21

Introdução...............23

1. Transformações na família brasileira a partir de 1960...............31

   Urbanização...............36

   Urbanização e família...............38

   Mulher no mercado de trabalho...............41

   "Novas" representações familiares...............49

2. Separação/divórcio na sociedade brasileira......73

   Ciclo vital familiar...............83

   Divórcio e alterações na dinâmica familiar...............89

3. Os filhos na separação/divórcio dos seus pais...............97

   Os filhos e o pós-divórcio dos pais...............100

   Adaptação ou não dos filhos após o divórcio dos pais...............105

4. A família em segunda união...............109

   Casais em segunda união: "nova" modalidade de recomeçar da família...............111

   Segunda união: dois núcleos familiares...............117

5. Os filhos na segunda união dos pais 125

Filhos e o novo membro na família
em segunda união..126

Adaptabilidade ou não dos filhos na segunda
união dos pais...138

6. A influência da religião na família......................143

Igreja e a educação dos filhos............................150

Considerações 155

Referências...167

Iniciando a conversa sobre relações familiares...

É com grande satisfação que apresento este livro de Wladimir Porreca, fruto de anos de pesquisas e de estudos, através dos quais conseguiu o doutorado em Psicologia pela USP. Família é o tema que Porreca vem trabalhando há anos e já publicou dois livros e diversos artigos em revistas acadêmicas; fez dois doutorados, em Serviço Social e em Psicologia, passou um ano na Itália, para estudar com os pesquisadores mais famosos na área de família, e dois anos no Canadá, para complementar o olhar europeu com a maneira americana de investigar temas relacionados à família. Ele não tem receio de abordar assuntos delicados e complexos, conseguindo apresentar com profundidade e beleza questões relevantes para o cotidiano das famílias, trazendo o olhar do cientista para uma realidade caracterizada por afetos e emoções; o ponto de vista da razão, sem perder aquela riqueza de humanidade que faz de suas páginas um caminho de luz.

O presente livro aborda o tema dos filhos em famílias que passaram pela experiência do divórcio e que constituíram, em seguida, novas formas de famílias. Porreca vai conduzindo o leitor nos meandros dos conflitos, fazendo emergir sempre, ao lado da inevitável dor das pessoas envolvidas nesses processos, os aspectos de positividade, de superação das dificuldades, abrindo sempre espaços à esperança. Quando as relações familiares são construídas, desfeitas e reconstruídas, são superados problemas que tornavam a vida do casal inviável. Se essas circunstâncias são percebidas como uma libertação por parte de quem se sentia oprimido na família anterior, por outro lado, outras pessoas percebem as mesmas circunstâncias como motivos de dor, quer pelo desgaste de vínculos que eram muito significativos, quer por possíveis lacerações de relações que são abaladas e até rompidas.

Antigamente, costumava-se atribuir aos cônjuges a culpa de sua separação, por não levar suficientemente a sério seus compromissos matrimoniais. Atualmente prevalece uma postura que procura compreender como inevitáveis algumas rupturas dos vínculos conjugais devido a uma multiplicidade de fatores que, somados às diferenças pessoais, tornam inviável a continuidade do laço familiar. Cada pessoa encontra-se em situações que são resultantes de ações realizadas, de decisões tomadas. Os nossos atos nos seguem, no sentido que têm consequências, às vezes, não previstas e não desejadas, outras vezes, cuidadosamente planejadas.

Mas compreende-se hoje que muitos fatores entram em jogo para que um casal, depois de muitas tentativas para se acertar, chegue à conclusão de que deve separar-se: fatores pessoais dos próprios cônjuges, fatores externos que interferiram na relação, fatores culturais que influenciaram a maneira de enfrentar os problemas da convivência familiar, fatores sociais e outros.

O presente livro constitui uma contribuição preciosa para compreender melhor a família, as situações de vulnerabilidade dos vínculos familiares, as dinâmicas de desconstrução e de reconstrução de novas relações familiares, as consequências para os filhos, as incompreensões, os sofrimentos e caminhos de superação das dificuldades.

Muitos estudos convergem, de maneira explícita ou implícita, para pôr em evidência a necessidade de uma reflexividade mais rigorosa por parte dos casais. Parece escassa a capacidade e raros os hábitos de refletir sobre a experiência que as pessoas vivenciam, para tudo avaliar e, de um lado, não deixar evaporar no esquecimento o que mais tem valor na convivência familiar e, de outro, afastar as situações que possam ameaçar a estabilidade dos vínculos, dando-se conta por antecipação das possíveis consequências negativas de ações que, de acordo com o senso comum, pareceriam inócuas.

O presente estudo de Porreca é um trabalho científico que joga um facho de luz sobre as relações familiares no contexto da cultura contemporânea, com extrema delicadeza e respeito, não cabendo a ele dizer como as coisas devem ser. Cada leitor, no entanto, tem a possibilidade de dar-se conta da realidade familiar, dos conflitos, das repercussões nos diversos membros da família e especialmente nos filhos.

Da leitura pode-se inferir um dado que gostaria de explicitar: a existência humana tem uma dimensão de drama que não pode ser ignorada. A cultura atual tende, muitas vezes, a enfatizar os aspectos da vida cotidiana como jogo, como uma espécie de diversão e de entretenimento na espera de que seja agradável, com exceção do ambiente de trabalho. Mas a realidade contradiz esta visão que pretende reservar empenho e responsabilidade somente ao trabalho, fazendo de todo o resto um grande lazer. Esta visão resulta particularmente equivocada quando aplicada à família. Então, as relações familiares ficam sempre sujeitas à avaliação da agradabilidade esperada,[1] e não suporta nenhum sacrifício pelo bem da outra pessoa ou do conjunto.

---

[1] Cf. o conceito de "relação pura" elaborado por Giddens, em *A transformação da intimidade* (1991).

O drama faz parte da condição humana e associa-se à impossibilidade de controlar todos os fatores da existência e ao fato de que o bem-estar e a felicidade de uma pessoa dependem do comportamento do outro. Muitas vezes, a felicidade e a realização ou o sofrimento e a frustração de um dependem do outro, da sua maneira de agir, de interagir e de responder a certas expectativas. No entanto, o comportamento do outro escapa totalmente ao controle de quem será afetado, para o bem ou para o mal. A este caberá somente pedir, esperar, aguardar. Esta postura parece sempre mais estranha à cultura contemporânea.

O matrimônio civil e o sacramento do matrimônio procuram dar algumas garantias (jurídicas e religiosas) a respeito do comportamento de um cônjuge com relação ao outro e dos dois com relação aos filhos, para que atitudes e decisões de cada um não sejam imprevisíveis, antes, correspondam a um padrão que o matrimônio civil e o religioso estabelecem. Assim, atitudes de fidelidade, de reciprocidade afetiva, de cuidados não devem ser decididas a cada dia, diante de cada circunstância; elas foram decididas de antemão, no momento de casar.

Na família contemporânea, no entanto, encontram-se universos culturais e valorativos que procedem de ambientes e de momentos históricos diferentes. Às vezes, estes universos culturais e valorativos se integram e se corrigem reciprocamente, convergindo para posições e atitudes que são modernas, sem agredir compromissos assumidos no momento do casamento, sem contradição com valores importantes para a convivência familiar. Por exemplo, um casal pode valorizar a igualdade de direitos e deveres entre os gêneros, sem com isso acolher o clima de disputa entre marido e mulher, sem renunciar a cultivar o ideal da cooperação entre os sexos.

Em outras ocasiões, estes universos valorativos distintos e mesmo contraditórios entram em conflito, tornando vulneráveis as relações familiares que chegam ao limite da ruptura, muitas vezes, sem conseguir ter uma clareza a respeito das razões que conduziram ao esgotamento. É o exemplo do casal que gostaria de ter um filho. Trata-se de um ideal que acompanha as famílias desde os tempos mais antigos. Mas, atualmente, existe uma pressão para encontrar realização e maiores possibilidades de acesso ao consumo através do trabalho e da ascensão na carreira, tanto por parte do homem como por parte da mulher. Pode acontecer que o casal resolva adiar o momento de ter um filho para não contrariar as exigências da carreira e conseguir mais recursos. Esta escolha, que para um pode parecer a mais acertada, para o outro, especialmente depois de certo tempo de espera, começa a ficar insuportável. O vínculo torna-se mais vulnerável e o compromisso assumido no casamento civil e/ou religioso perde o vigor necessário para preservar a união do casal.

Universos axiológicos (valorativos) distintos convivem, às vezes, fundem-se, outras entram em conflito a cada momento no nosso cotidiano. De um lado, encontra-se o conjunto de valores que as famílias atuais receberam quase sempre da família de origem, nos relacionamentos com os avós e nos ambientes religiosos. De outro lado, situam-se os valores assim ditos modernos ou pós-modernos. A presença simultânea desses valores que podem entrar em conflito nos diversos membros da família gera, em muitas ocasiões, ambientes de tensão pela dificuldade de conciliar e pela necessidade de escolher entre possibilidades diferentes e até certo ponto contraditórias, diante das quais o casal não está totalmente afinado nem preparado para conduzir o diálogo nos termos de uma racionalidade informada dos fatores efetivamente em jogo. Quando as emoções prevalecem nas relações familiares, é provável que diminuam as possibilidades de encontrar soluções positivas.

Podem ser identificadas algumas constelações de valores que podem conviver na mesma pessoa e no interior da vida do casal, podendo gerar conflitos que tornam vulneráveis as relações familiares:

- Quem casa busca integração, partilha, comunhão. Mas a cultura contemporânea valoriza também a autoafirmação, a individualização. O ideal da integração se realiza através de um conjunto de gestos que sinalizam a preferência pelo "nós" familiar sobre preferências individuais. A individualização orienta-se em sentido oposto, considerando uma mortificação inaceitável renunciar a uma preferência pessoal para integrar-se mais com a outra pessoa. O casal encontra dificuldades para equacionar estas polaridades, faltando-lhes, muitas vezes, a compreensão adequada dos termos do conflito.

- A família pode ser percebida como a obra principal da pessoa, a construção mais importante a que um homem e uma mulher dedicam os melhores recursos afetivos, psicológicos e materiais. Mas a família pode ser também percebida como um dos empenhos da pessoa, levado adiante até com seriedade, juntamente com outros empenhos profissionais, esportivos, intelectuais, recreativos. Algum destes outros empenhos, em algum momento, poderá parecer prioritário com relação ao matrimônio.

- Na sociedade contemporânea, a pessoa desenvolve uma pluralidade de funções através das quais entra em relação com os outros sempre por aspectos limitados, circunscritos à competência profissional que a mesma função lhe atribui. A família, pelo contrário, é o lugar no qual cada pessoa entra em jogo com a totalidade do seu ser: sentimentos e afetos, valores e crenças, ideais, preocupações e trabalho, sucessos e doenças, são compartilhados e, no conjunto, tecem a trama das relações familiares, que constituem o "nós" da família. Quando a parcialidade funcional caracteriza a maneira de estar em família, geram-se conflitos que poderão ser motivo de esclarecimento e de renovação da vida familiar, corrigindo equívocos, mas também poderão ser motivo de ruptura. É verdade que a liberdade de escolha de cada um decide o desfecho do conflito, mas é verdade também que a compreensão mais precisa das razões do conflito e das questões que estão efetivamente em jogo podem orientar a liberdade de escolha e a decisão a ser tomada.

- Na família domina a dinâmica do dom. Dar um dom significa manifestar interesse, afeto, estima, que ligam a pessoa que faz o dom a quem o recebe. O dom é portador de significados simbólicos que vão muito além do valor comercial do objeto doado. O dom é como uma ponte lançada em direção ao coração de quem o recebe; ele é carregado de um excedente de significado que vai além do que as palavras conseguem exprimir. Mas nas relações familiares está presente também a dinâmica própria do mercado que calcula a conveniência e a utilidade. Às vezes, a lógica do mercado se sobrepõe e inibe a dinâmica do dom na vida familiar.

- A família vive para construir relacionamentos de amor gratuito, de comunhão. Mas também pode entrar nas relações familiares a lógica do poder, a disputa entre homem e mulher, de acordo com o que costuma acontecer em quase todos os relacionamentos sociais.

A lista de polos valorativos em conflito presentes, muitas vezes, no casal e no interior da mesma pessoa poderia continuar. Fica como tarefa do leitor aventura-se nesta excelente obra que diz muitas coisas a respeito dos filhos de casais separados e em segunda união e muitas outras deixa entender, dizendo-as nas entrelinhas. Aliás, esta é a característica dos grandes autores, que não somente analisam, elucidam, descrevem situações, mas provocam a reflexão do leitor numa espécie de parceria não declarada, que torna a leitura fascinante e produtiva. Eu quis dar uma amostra desta provocação e desta parceria diante do texto de Porreca. Agora, somente me resta desejar a você, caro leitor, boa leitura e bom trabalho!

Dom João Carlos Petrini

Bispo de Camaçari e presidente da Comissão Episcopal e Pastoral para a Vida e Família da CNBB; presidente do Pontifício Instituto João Paulo II para Estudos sobre Matrimônio e Família de Salvador; professor do Programa de Pós-Graduação em Família na Sociedade Contemporânea, da UCSal.

Um convite...

Nossa vida é tecida por muitos encontros: alguns resultam em desencontros, outros são fortuitos ou fugazes. Alguns poucos perduram, crescem e enriquecem a trama da vida: são os que se enraízam e geram frutos que nos alimentam.

Apresentar este livro é tarefa que resulta do meu encontro com o Padre Wladimir; e vejo em seu livro expresso aquilo que me faz ter grande apreço pelo autor.

Vamos lá (embora seja difícil escolher por onde começar)! Padre Wladimir, ao mesmo tempo que totalmente engajado na sua prática cotidiana como sacerdote, move-se por uma curiosidade sem limites na procura por ferramentas de pensamento que possam nos ajudar no dia a dia; nessa prática, ainda, está a serviço da comunidade de uma forma tal que, totalmente receptivo às necessidades dessa comunidade, faz delas o norte para seu trabalho.

Temos então aí já apontado o motivo germinal deste livro: ele nasce de necessidades geradas pela prática de Padre Wladimir na Pastoral Familiar – e aqui faço questão de destacar a centralidade da vida familiar em nosso contexto social. Na Pastoral Familiar sua atividade volta-se, especificamente, para um conjunto de pessoas cuja vida se marca por situações novas para as quais as respostas e regras sociais são pouco definidas: famílias cujos membros parentais estão em segunda união.

Nessa área, de muitas perguntas e respostas no máximo esboçadas, Padre Wladimir, antes de mais nada, busca o diálogo – nem sempre fácil – com o saber científico. E busca esse diálogo em três jornadas acadêmicas – um mestrado e dois doutorados, conciliando perspectivas teóricas de diversas áreas do saber: Psicologia, o Serviço Social, a Antropologia, apoiando-se ainda na Sociologia e na História. Assim, ao ler este livro, o alimento para o pensamento sobre a vida cotidiana virá de um leque enorme de fontes, como deveria ser sempre, já que a vida não é "setorizada" como o comumente proposto academicamente.

Casar, separar-se, recasar traz desafios suficientes para os parceiros. Mas não podemos parar por aí. Quando esse é o tema, o foco simultâneo nos filhos deixa o desafio ainda maior: afinal de contas, se a separação e o recasamento vêm sendo legitimados socialmente mais recentemente, a centralidade dos filhos na vida familiar é algo que está firmemente estabelecido entre nós, e de longa data. Ora, essa centralidade reafirma-se no contexto em que os pais se questionam constantemente sobre os reflexos de suas atitudes nos filhos. Temos então outro elemento compondo o cenário: homens e mulheres tomados por dilemas no entorno de sua vida afetiva e que têm ainda o dever socialmente colocado de achar saídas que não prejudiquem os filhos. Tarefa duplamente exigente, e para a qual Padre Wladimir, ao pôr o foco nos filhos, mais uma vez procura trazer elementos de apoio.

Separações e uniões posteriores não são exatamente uma novidade, mas seu reconhecimento no mundo ocidental recente como práticas legitimadas socialmente, sim. Por isso, tanto nas possibilidades que abrem quanto nos conflitos de que se cercam, falta clareza nas definições sociais do que é considerado correto ou legítimo. E isso só se acentua pela valorização, em nosso mundo, de respostas altamente individualizadas a qualquer situação – o que, embora confortável para o culto à própria individualidade, leva a dificuldades exatamente por implicar ausência de balizas socialmente reconhecidas que sirvam de referências para os casais.

De fato, as respostas para as situações humanas são tecidas mais fácil e legitimamente na conversa coletiva do que no isolamento. Nesse sentido, o livro propõe uma contribuição cuja importância gostaria de destacar: ele traz para o leitor proposições teóricas, mas ancoradas em inúmeras conversas, com famílias na Pastoral Familiar e com os entrevistados em trabalhos acadêmicos. Nessas conversas, Padre Wladimir preocupou-se em conhecer a experiência de várias famílias e, numa mesma família, dos vários membros sobre sua história comum.

Estas diferentes perspectivas, articuladas entre si, possibilitaram que Padre Wladimir construísse as reflexões que apresenta neste livro. Sua leitura coloca cada um em conversa com um universo muito mais amplo. É um convite à construção de um diálogo multiplicador que, com certeza, ajuda na construção de recursos de apoio aos que se encontram envolvidos nessa situação.

Convido então o leitor a esse encontro, a ampliar a roda de conversa...

Dra. Regina Helena Lima Caldana
Professora da Pós-Graduação de Psicologia (*stricto senso*)
do Departamento de Psicologia e Educação – FFCLRP/USP

Seguindo um ideal...

A família, "patrimônio da humanidade", constitui um dos tesouros mais importantes dos povos latino-americanos. Ela foi e é a escola de fé, palestra de valores humanos e cívicos, lar em que a vida humana nasce e é acolhida generosa e responsavelmente. A família é insubstituível para a tranquilidade pessoal e para a educação dos filhos. As mães que desejam dedicar-se plenamente à educação dos seus filhos e ao serviço da família devem gozar das condições necessárias para o poder fazer, e por isso têm direito de contar com o apoio do Estado. De fato, o papel da mãe é fundamental para o futuro da sociedade. O pai, por seu lado, tem o dever de ser verdadeiramente pai que exerce a sua indispensável responsabilidade e colaboração na educação dos seus filhos. Os filhos, para o seu crescimento integral, têm o direito de poder contar com o pai e com a mãe, que se ocupem deles e os acompanhem rumo à plenitude da sua vida. Portanto, é necessária uma pastoral familiar intensa e vigorosa. É indispensável de igual modo promover políticas familiares autênticas que respondam aos direitos da família como sujeito social imprescindível. A família faz parte do bem dos povos e da humanidade inteira (n. 5).

Papa Bento XVI
Sessão inaugural dos trabalhos da V Conferência Geral do Episcopado da América Latina e do Caribe, em Aparecida/SP – 2007

Introdução

Desde a década de 1960 multiplicaram-se consideravelmente as investigações acerca das relações familiares, nem sempre considerando a família constituída de pai, mãe e filhos. Este livro propõe provocar um diálogo sobre as relações familiares a partir da concepção de que a pessoa humana criada à imagem e semelhança de Deus (MD[1] 6) "não pode existir só" (Gn[2] 2,18); não pode se encontrar plenamente, senão por um dom sincero de si mesma em relação a outra pessoa humana (homem e mulher), pois o amor tem necessidade de dar-se, entregar-se, partilhar; é próprio do amor não se bastar em si. De fato, somos continuadores de uma história de amor que nasce de uma relação entre o Criador e a criatura, entre o Pai e os filhos, e que tem o seu fim na plena realização do objetivo pelo qual fomos criados: sermos perfeitamente a imagem e semelhança de Deus.

A relação esponsal homem e mulher na sua dimensão unitiva e procriativa, portanto, familiar, é uma das expressões mais belas e plenas desse universo de relações; um espaço privilegiado de reciprocidade e de confiança e uma das principais fontes das relações sociais geradoras de Capital Social Familiar, por criar vínculos sociais e, pois, uma realidade fundamental para a sociedade.

A família é, certamente, a instituição social mais antiga, uma realidade conhecida e vivenciada por todos os seres

---

[1] JOÃO PAULO II. Carta Apostólica *Mulieris Dignitatem* (Sobre a dignidade e a vocação da mulher), 1988.
[2] Gn = Gênesis: o primeiro livro da Bíblia.

humanos. Ela influencia e é influenciada pela sociedade, está integrada no processo social que passa por transformações significativas.

A família brasileira, em especial nas últimas décadas, vem ganhando destaque nos estudos de antropólogos, psicólogos e sociólogos brasileiros e estrangeiros; este trabalho de investigação e análise quer contribuir com a literatura brasileira no que se refere à compreensão da família como lugar privilegiado das relações e de socialização dos filhos, e, principalmente, favorecer aos casais que participam da Pastoral Familiar uma reflexão em formato de subsídio pastoral para as atividades evangelizadoras com família.

Este livro trata de ampliar o diálogo com outros estudos centrados nas transformações que enfrentam os membros da família diante da situação de separação/divórcio e segunda união e proporcionar no ambiente eclesial/pastoral pistas de reflexão para a ação evangelizadora com famílias.

Considerando que o ideal do relacionamento entre pais/filhos cristãos, mesmo com o fracasso da separação/divórcio dos pais, esta pautado em que os pais sejam os primeiros responsáveis pela educação dos seus filhos na fé, na oração e em todas as virtudes, com o dever de prover, na medida do possível, às necessidades físicas e espirituais dos seus filhos (CIC[3] 2252), e que os filhos, por sua vez, contribuam para o crescimento dos seus pais na santidade (CIC 2227), através de respeito, gratidão, obediência justa e ajuda aos pais, favorecendo a harmonia de toda a vida familiar (CIC 2251); e considerando ainda que na realidade familiar em segunda união os filhos são um elemento importante na reorganização

---

[3] CIC = Catecismo da Igreja Católica, 1992.

da estrutura e das relações familiares, este livro se delineou buscando visualizar elementos que possibilitassem discutir a situação dos filhos na segunda união conjugal de seus pais.

Este importante e essencial tema foi escolhido pelas motivações e preocupações vividas durante minha trajetória pessoal e profissional de padre e psicólogo, e, ainda, em dar continuidade às minhas pesquisas acadêmicas sobre família.

Iniciei a primeira pesquisa acadêmica na temática da família em 2001, com a investigação para a obtenção do título de mestre na Faculdade de Filosofia, Ciências e Letras de Ribeirão Preto/Universidade de São Paulo (FFCLRP/USP), que foi transformada em livro;[4] nesse estudo procurei examinar a organização familiar de casais católicos vivendo em segunda união e que participam da Pastoral Familiar, para ter uma visão de como se deu a primeira união, os motivos que levaram a sua ruptura e a uma nova união, além das motivações desses casais em continuarem a integrar a comunidade católica.

Em seguida, dando prosseguimento aos estudos acadêmicos, completei meu primeiro doutorado (2008) pela Universidade Estadual Paulista (UNESP), publicado como livro[5] em 2010, que investigou a família como sujeito social gerador de capital social. Nessa investigação procurei compreender e examinar a organização familiar para verificar as transformações sociais e culturais que influenciaram as mudanças na organização familiar, as motivações da permanência da estrutura familiar nas diversas situações domésticas e os significados que os casais atribuíram ao papel da família como sujeito social gerador de Capital Social Familiar. Procurei, ain-

---

[4] PORRECA, W. *Casais em segunda união*; sofrimentos e esperanças. Bauru: EDUSC, 2004.

[5] Id. *Famílias recompostas*; questões pastorais. São Paulo: Paulinas, 2010.

da, identificar os possíveis recursos que os casais utilizaram para acreditar e vivenciar a Família Cidadã através das políticas familiares; e, por fim, fomentar algumas propostas de intervenção dos profissionais sociais na família como sujeito social, potencializadora de ação social.

E como terceiro trabalho acadêmico, o segundo doutoramento na FFCLRP/USP (2011), que, em continuidade aos estudos anteriores na temática da família, teve como objetivo investigar o significado que os filhos dão à segunda união conjugal dos seus pais, a partir da sua história e contexto de vida; e buscar ainda, através do "estudo de caso", visualizar elementos que possibilitem discutir a situação dos filhos no novo contexto familiar, a partir das versões dos envolvidos: pais e filhos. Grande parte do material desse estudo foi elaborada como conteúdo deste livro.

A concentração e o interesse na temática família, bem como os determinados problemas e perspectivas em que relacionei a situação dos filhos, não foram fortuitos, mas estavam unidos a questões que me despertaram a atenção e à necessidade de investigar, de forma profunda e contextual, o fenômeno desafiador dos filhos nas famílias em segunda união.

Decidi investigar e procurar o significado das relações e sentimentos dos filhos diante dos eventos estressores provocados pela separação e segunda união dos seus pais, por acreditar que a família é uma comunidade que implica convivência específica, em uma relação plena e original, *sui generis*, de reciprocidade e confiança, e por comungar com o que dizia o Beato João Paulo II na "Carta às Famílias" (1994), quando exortava a humanidade à importância fundamental da família no gerar, desenvolver e manter a vida humana.

Dentre essas numerosas estradas, a primeira e a mais importante é a família: uma via comum, mesmo se permanece particular, única e irrepetível, como irrepetível é cada homem; uma via da qual o ser humano não pode separar-se. Com efeito, normalmente ele vem ao mundo no seio de uma família, podendo-se dizer que a ela deve o próprio fato de existir como homem. Quando falta a família logo à chegada da pessoa ao mundo, acaba por criar-se uma inquietante e dolorosa carência que pesará depois sobre toda a vida. A Igreja une-se com afetuosa solicitude a quantos vivem tais situações, porque está bem ciente do papel fundamental que a família é chamada a desempenhar. Ela sabe, ainda, que normalmente o homem sai da família para realizar, por sua vez, num novo núcleo familiar, a própria vocação de vida. Mesmo quando opta por ficar sozinho, a família permanece, por assim dizer, o seu horizonte existencial, como aquela comunidade fundamental onde se radica toda a rede das suas relações sociais, desde as mais imediatas e próximas até as mais distantes.

Dessa forma, a partir da preocupação apresentada pelos casais no que diz respeito à aceitação ou não dos filhos no processo da segunda união, e de como estes vêm se adaptando às mudanças nas estruturas e nos relacionamentos familiares da nova união de seus pais, e, principalmente, por acreditar que a família continua a ser lugar privilegiado das relações, como a primeira, a mais importante e duradoura âncora no processo de desenvolvimento da criança (MOREIRA, 2002), procurei investigar e elaborar este livro, sobre a relação dos filhos com seus pais em segunda união, a partir dos próprios filhos.

No primeiro capítulo retomei de forma revisada os meus escritos anteriormente publicados, sobre as transformações na família brasileira a partir de 1960, porque considerei importante ao leitor ter uma visão geral de alguns elementos significativos das mudanças na sociedade brasileira e consequentemente na família nesse período. Assim, tal panorama histórico poderá ajudar o leitor a compreender melhor os processos motivadores das transformações nas relações familiares e como elas são vivenciadas na atualidade. Afinal, a família que conhecemos hoje é constituída de um passado na perspectiva de um futuro. Resgatar a historicidade da família é compreender os processos sociais e culturais que influenciaram e que foram influenciados direta ou indiretamente pela estrutura e dinâmica da família atual.

Neste início de leitura, apresentei de forma revisada e ampliada um breve panorama histórico dos meus outros escritos publicados, e para contextualizar o leitor nas mudanças societárias e culturais que ocorrem a partir da década de 1960, verificando as situações que modificaram a estrutura e dinâmica da família brasileira, destaquei o fenômeno da urbanização e a influência da Igreja Católica.

No capítulo segundo descrevi alguns aspectos que considerei pertinentes sobre a realidade da separação/divórcio na sociedade brasileira e as alterações e os rompimentos que esta situação provoca no ideal do ciclo familiar e nas relações familiares, como a questão de gênero, paternidade, representações da vida doméstica e outras.

Nas relações domésticas, os filhos assumem para os pais contemporâneos a principal atenção, passando a orientar e delimitar a dinâmica familiar. Considerando a importância dada aos filhos, em especial, na decisão de os pais se separarem e formarem uma nova família e a necessidade que estes (filhos) têm da família como principal agente socializador, o terceiro capítulo procurou refletir como os filhos enfrentam a situação estressante da nova dinâmica familiar na e após a separação/divórcio conjugal dos pais; e, principalmente, buscar apontar alguns recursos e caminhos que os filhos utilizam para a adaptação ou não à nova realidade familiar.

O quarto capítulo seguiu como itinerário as reflexões apresentadas no segundo capítulo, porém, focalizando a segunda união. Fiz aí uma explanação sobre a realidade da segunda união, em especial sobre os sofrimentos e as esperanças que os casais brasileiros normalmente vivenciam na nova forma de família constituída por dois núcleos.

Como na separação/divórcio os filhos continuam sendo o centro das relações das famílias em segunda união, o quinto capítulo destaca alguns elementos desafiadores que os membros da "nova família" enfrentam, como: a entrada de novos membros na família, as resistências, conflitos, as fases de adaptação ou não, e outros.

E por último, no sexto capítulo, procurei destacar a influência da religião na família brasileira, apontando algumas ações que a Igreja Católica exerce na transmissão dos valores evangélicos diante da cultura moderna (pós-moderna); e, ainda, busquei direcionar de forma muito modesta as exortações que a Igreja faz para a educação dos filhos, sejam eles de pais de primeira ou segunda união.

Com a consciência de ser necessário um aprofundamento sobre a educação religiosa dos filhos com pais em segunda união e sobre como se dá esse diálogo com a Igreja, tive a intenção de que este livro, fruto da pesquisa acadêmica e pastoral, seja capaz de representar uma contribuição significativa a todos aqueles que, de alguma forma, se ocupam da questão familiar brasileira, desde pais, filhos, educadores, psicólogos, assistentes sociais, incluindo-se os que o fazem como parte e expressão de seu ministério evangelizador com família.

Assim, desejo que esta obra esteja a serviço da comunidade, na construção de um saber que se volte para a realidade em que se insere, proporcionando recurso para a intervenção na realidade social, sirva de subsídio para a ação evangelizadora nas famílias e motive diálogos no mundo da cultura. Enfim, almejo e suplico ao bom Deus que este livro colabore com todas as pessoas de boa vontade no empenho de transformar, cada vez mais, a família em: *célula originária da vida social*; sociedade natural na qual o homem e a mulher são chamados ao dom de si no amor e no dom da vida; comunidade em que os filhos podem aprender os valores da vida e do bem viver; "Santuário da Vida" (EV,[6] 11).

---

[6] EV: *Evangelium Vitae* (Evangelho da Vida), João Paulo II, 1995.

1. Transformações na família brasileira a partir de 1960

A família brasileira, no período tradicional ou pré-industrial, é fruto de uma tradição colonial e patriarcal, caracterizada, entre outras coisas, pelo domínio masculino, pela submissão da mulher e, principalmente, pela miscigenação; e que se apoiava, fundamentalmente, nas atividades agrícolas, na propriedade da terra e na estrutura familiar de produção.

Nos primeiros anos da República (1889 a 1930), com o avanço industrial e o progresso das cidades (urbanização), o modelo patriarcal no Brasil sofreu mudanças e apresentou sinais de enfraquecimento em sua estrutura e dinâmica; paulatinamente, o patriarca foi obrigado a se relacionar com os outros elementos "de fora" do ambiente onde predominava o pátrio poder.

Com o crescente declínio da família patriarcal, ocorreram profundas transformações na família brasileira, como a valorização do individualismo e da competição, suplantando aos poucos o familismo,[1] entendido como prática e representação da família como grupo, em que o interesse coletivo predomina sobre os interesses individuais (ARIÈS, 1981).

A tensão entre interesses individuais e coletivos é ampliada pela lealdade que os integrantes da unidade doméstica vivenciam no cotidiano, entre os deveres para com a família de origem, constituída por pais e irmãos e onde foram so-

---

[1] Termo criado por BANFIELD, E. *The moral basis of a backward society*. New York: Free Press, 1958.

cializados, e para com a família de procriação, instituída pelo casamento e composta de cônjuges e filhos.

Inicia-se um tempo de profundas e intensas transformações na sociedade e, por conseguinte, na vida doméstica. Diferentemente da sociedade tradicional, que tinha como base simbólica a identidade, a família, nesse período, se baseava no modelo orgânico, individualizando as estruturas, sem a ideia de evolução contínua, independente do todo da instituição. Cria-se um mundo novo, onde tudo é possível, em que a novidade sempre é o melhor e se convive com o paradoxo da cultura do diferente e o desejo igualitário.

Contudo, fica evidente (PORRECA, 2004) que foi a partir de 1960 que as mudanças se tornaram mais concretas e profundas, pois nessa época a sociedade brasileira passou por transformações econômicas e sociais, geradas pela industrialização e, consequentemente, urbanização, que acarretaram ainda mais a concentração da renda, a pauperização de grande parte da população e o aumento da força de trabalho infantojuvenil e feminina. Paralelamente a esse processo, ocorreram mudanças nas formas de sociabilidade, caracterizadas pela emergência de novos modos de relacionamento familiar, interpessoal, afetivo e sexual, e também pelo aparecimento de modelos culturais ordenados dessas relações (ROMANELLI, 1998).

Nesse período, o Brasil vivia tensões políticas provocadas pelas reformas de base, pela agitação dos movimentos populares de esquerda e mobilização da direita católica que enfatizaram e difundiram noções de cidadania, pela conspiração nos quartéis e as revoltas dos marinheiros e sargentos do Exército, que acabaram por provocar mais uma intervenção militar, com o golpe de 1964.

Paulatinamente se estrutura o endurecimento do regime militar; primeiro, pela deposição do presidente e de alguns governadores; em seguida, pela cassação de mandatos eletivos e a suspensão de direitos políticos; depois, pela extinção dos antigos partidos e suspensão das eleições diretas. Cumpria-se o mesmo programa autoritário de supressão de garantias, cerceamento do Congresso, centralização de decisões e concentração de recursos (COSTA, 2008).

O endurecimento político foi respaldado pelo chamado "milagre econômico" (1969 a 1973), que só foi possível porque a ditadura militar adotou a estratégia de desenvolvimento de um modelo econômico de modernização, regido por "um movimento pendular", cujo pêndulo econômico inclinava-se ora para o nacionalismo, ora para a internacionalização subordinada sob a égide dos Estados Unidos.

O modelo econômico implementado reorientou o processo de concentração da riqueza e da renda; no âmbito do mundo do trabalho, reduziu a taxa do salário real básico de acordo com a correção monetária determinada pelos índices de inflação; fomentou, em particular, uma política cambial que privilegiava a sobrevalorização do dólar mediante subsídios, a exportação de produtos industriais, objetivando aliviar os setores produtivos que enfrentavam insuficiência de demanda; pôs fim à estabilidade no emprego, por meio da adoção do Fundo de Garantia do Tempo de Serviço (FGTS); possibilitou a modernização e ampliação da infraestrutura ligada aos setores agrícola e industrial; implantou a política de juros subsidiados, com taxas abaixo dos índices inflacionários, para os vários ramos produtivos; promoveu o direcionamento da produção agrário-industrial para o mercado externo, em detrimento do mercado interno (NETTO, 1972; CAMPOS, 1979; SIMONSEN, 1979).

A presença de um quadro repressivo, autoritário e moralista, intensificado no regime instaurado pelo golpe de 1964, contra condutas qualificadas como questionadoras de modelos hegemônicos, contribuiu para abafar a emergência de novas formas de sociabilidade em diferentes domínios da vida social, mas não conseguiu impedir o questionamento de valores e de modelos de conduta que diziam respeito às relações interpessoais, em especial aquelas que se referem à dimensão afetivo-sexual e às de ordenação da vida doméstica (ROMANELLI, 1991).

A ditadura militar executou o seu modelo econômico de aceleração modernizadora e autoritária do capitalismo na sociedade brasileira, através de um movimento político de duplo sentido: ao mesmo tempo em que suprimiam as liberdades democráticas e instituíam instrumentos jurídicos de caráter autoritário e repressivo, levavam à prática os mecanismos de modernização do Estado nacional, no sentido de acelerar o processo de modernização do capitalismo brasileiro.

O sistema ditatorial moderno propugnava a criação de uma sociedade urbano-industrial na periferia do sistema capitalista mundial, pautada pela racionalidade técnica; no lugar dos políticos, os tecnocratas;[2] no proscênio da política nacional, as eleições controladas e fraudadas; na lógica do crescimento econômico, a ausência de distribuição da renda nacional; na demanda oposicionista pela volta do Estado de direito democrático, a atuação sistemática dos órgãos de repressão mantidos pelas Forças Armadas e a educação como

---

[2] Os tecnocratas são os *experts* (técnicos) responsáveis pela aplicação das novas tecnologias na administração do poder de Estado, ou seja, das técnicas empregadas no âmbito das ações governamentais, com o objetivo de se alcançar a eficiência na racionalização dos recursos financeiros aplicados nos vários setores das políticas estatais (COSTA, 2008).

um instrumento a serviço da viabilizar o *slogan* "Brasil Grande Potência" (FERREIRA JR; BITTAR, 2008).

A propaganda ufanista e ideológica, que tinha como lema "Brasil Grande Potência", gerado pela "eficiência técnica" aplicada na forma de administrar o Estado e as suas empresas, contribuiu para que o setor industrial superasse a média dos demais setores da economia brasileira, e o crescimento acelerou-se e diversificou-se no período de 1968 a 1974.

O PIB (Produto Interno Bruto) brasileiro crescia com os investimentos internos e empréstimos do exterior; o país avançou e estruturou uma base de infraestrutura, que gerou milhões de empregos pelo país.

A disponibilidade externa de capital e a determinação dos governos militares de fazer do Brasil uma "potência emergente" viabilizaram pesados investimentos em infraestrutura (rodovias, ferrovias, telecomunicações, portos, usinas hidrelétricas, usinas nucleares), nas indústrias de base (mineração e siderurgia), de transformação (papel, cimento, alumínio, produtos químicos, fertilizantes), equipamentos (geradores, sistemas de telefonia, máquinas, motores, turbinas), bens duráveis (veículos e eletrodomésticos) e na agroindústria de alimentos, grãos, carnes, laticínios, através de uma brutal repressão policial-militar que se abateu sobre as forças democráticas.

O país assistiu a um avanço econômico que promoveu a concentração e a centralização do capital. Ao lado de ofertas de novos produtos industrializados, dotados de alto valor simbólico, antes inacessíveis às camadas médias, ampliou-se o uso de aparelhos de televisão, telefone e outros, e, ainda, intensificou-se o processo de industrialização, principalmente da instalação das unidades fabris em locais onde houvesse infraestrutura, oferta de mão de obra e mercado consumidor. Passou-se a empregar mais investimentos e necessitou-se de uma maior quantidade de mão de obra para trabalhar nas unidades fabris, na construção civil, no comércio ou nos serviços, o que atraiu milhares de migrantes do campo para as cidades.

Com o acelerado desenvolvimento no setor industrial, em consequência da modernização técnica do trabalho rural, com a substituição do homem pela máquina e a estrutura fundiária concentradora, diminuíram-se os investimentos no setor agrícola, especialmente no setor cafeeiro, deixando de ser rentáveis.

Urbanização

A migração rural-urbana teve múltiplos motivos, mas a carência de terras e as condições de vida e trabalho para a maioria dos trabalhadores rurais estimularam um grande êxodo rural nesse período; a população rural, destituída dos meios de sobrevivência, se vê obrigada a dirigir-se às cidades em busca de empregos, salários e, acima de tudo, melhores condições de vida.

O poder público passou a intervir decisivamente na organização do espaço brasileiro através de uma "política desenvolvimentista", que tinha como objetivo, além da integração nacional, a modernização do território e o desenvolvimento da economia capitalista. Para tanto, era necessário expandir a indústria e construir uma sociedade de consumo predominantemente urbana.

A proposta de construir um Brasil urbano pode ser remetida à implantação de hidrelétricas, portos, aeroportos, dutos e canais e de grandes projetos industriais, apoiados em financiamento externo. A expansão da rede de energia, de estradas e de comunicações foi um meio de eliminar barreiras à circulação do capital, que teve, então, um expoente na indústria automobilística (DAVIDOVICH, 2000).

De um lado, criava-se uma cidade bem planejada, com bairros ricos, ruas arborizadas, avenidas largas, privilegiada por equipamentos e serviços. Do outro lado, como consequência, surgia uma cidade composta de periferia pobre, de subúrbios, favelas, com ruas estreitas, sem planejamento, pela ocupação desordenada e sem infraestrutura adequada, concentrando os chamados problemas urbanos do desemprego, da violência e da miséria.

Segundo Pochmann (2004), a modernização do sistema produtivo, à custa do agravamento da desigualdade social, gerou contradições econômicas de um país que ficava mais rico e a população, mais pobre. Ricos cada vez mais ricos à custa de pobres cada vez mais pobres.

A contradição econômica e social foi possível devido à ausência de democracia, que impossibilitou haver pressão por parte dos trabalhadores e da população mais carente. A política autoritária acabava consagrando os resultados econômicos, a supressão dos direitos constitucionais, a perseguição policial e militar, a prisão e tortura dos opositores e a censura prévia aos meios de comunicação, tanto no plano da sociabilidade quanto no plano normativo.

Como os rendimentos, em geral, eram bem baixos, mesmo para os trabalhadores da economia formal, muitos não tinham condições de comprar sua moradia, nem de alugar uma casa ou apartamento para viver. Assim, proliferam, cada vez mais, as submoradias: favelas, cortiços, pessoas abrigadas debaixo de pontes e viadutos, quando não vivendo ao relento. Essa é a face mais visível do crescimento desordenado das cidades.

Urbanização e família

Com o êxodo rural, a sociedade brasileira vivenciou a urbanização acelerada, que tende a concentrar em algumas metrópoles uma proporção crescente da população nacional, devido à expansão do processo de desenvolvimento econômico (DURHAM e CARDOSO, 1977).

As grandes metrópoles não tinham capacidade de absorver tamanha quantidade de migrantes, e logo começou a aumentar o número de pessoas desempregadas, que, para poder sobreviver, acabaram se refugiando no subemprego, que é toda forma de trabalho remunerado ou prestação de serviços que funciona à margem da economia formal, estruturando, por isso, a economia informal.

Mais de 5,2 milhões de brasileiros migraram para cidades entre 1995 e 2000 (IBGE,[3] 2000). A elevada densidade demográfica urbana condiciona a sociabilidade da família, a transformação das relações de parentesco e as representações destas relações no interior da família (DURHAM e CARDOSO, 1977).

Segundo o IBGE (2009), em 1940, apenas 31% dos brasileiros viviam em cidades, contra 69% no meio rural. Em 1980, a situação inverteu-se: 67,5% estavam vivendo em cidades, e apenas 32,5% na área rural. Esse aumento gradativo chega a 39,8%, em 2007, e a 40,1%, em 2008.

---

[3] Instituto Brasileiro de Geografia e Estatística.

Houve um aumento da população urbana em relação à população rural de mais de 5,2 milhões de brasileiros, que migraram para cidades entre 1995 e 2000; e essa população continua a crescer: entre os anos de 2005 a 2006, foram cerca de 190 mil brasileiros migrantes, conforme o PNAD[4] (2006).

O IBGE prevê ainda que, por volta de dez anos (2015/2020), ocorra o fim do êxodo rural no Brasil, com parcela esmagadora da população brasileira vivendo em cidades (mais de 90% da população absoluta).

O quadro abaixo demonstra o aumento gradativo da migração dos ambientes rurais para os centros urbanos.

Quadro – População residente, por situação, sexo e lugar de nascimento

Brasil / População residente (mil pessoas)			
Ano				
2001	2002	2003	2004	2005
170.955	173.501	175.94	181.687	183.881

Ano			
2006	2007	2008	2009
186.021	188.029	189.953	191.796

Fonte: IBGE (2010).

A elevada densidade demográfica urbana aliada à modernização ocorrida no país, em sua dimensão econômico-política, intensificada nas décadas de 1960/1970, no regime instaurado pelo golpe de 1964, marcado por autoritarismo,

---

[4] Pesquisa Nacional por Amostra e Domicílio.

supressão dos direitos constitucionais, perseguição policial e militar, prisão e tortura dos opositores e pela censura prévia aos meios de comunicação (ROMANELLI, 1986), afeta e condiciona as formas de sociabilidade da família, a transformação das relações de parentesco e as representações dessas relações no interior da família (DURHAM e CARDOSO, 1977), de maneira mais intensa nas famílias de determinados segmentos sociais dos grandes centros urbanos, onde a modernização ocorreu com mais vigor, e que alteraram o quadro onde se desenrolam as relações domésticas (ROMANELLI, 1995c).

A igreja matriz, que antes constituía local privilegiado de articulação da vida social com festas de padroeiros, missas, procissões e quermesses, passa a sofrer a concorrência progressiva de outros espaços, como *shoppings*, bares, parques, que se abrem para a vida social (GRINGS, 1992).

A família, nesse período, tem uma marca de maior liberdade, pelo questionamento das tradições e pela flexibilidade às regras e as normas. "A dinâmica moderna se caracteriza por uma negação constante e pela justaposição, pela crítica e pela idealização" (HELLER, 1999, p. 17). Essa dinâmica social permite a alternância das instituições sociais, opções de vida, novas formas de organização que possibilitam "a ventilação do edifício social moderno".

Com o avanço da urbanização, da industrialização e da modernização na sociedade brasileira, ainda que persistam a pequena agricultura, indústrias caseiras e empresas domésticas urbanas, atividades econômicas ancoradas em relações familiares perderam a relevância, já não se podendo caracterizar a família, em geral, como única unidade de produção. Importante salientar que esse tipo de estrutura familiar não deixou de existir, mas não corresponde mais integralmente à representação de organização familiar.

Mulher no mercado de trabalho

O declínio do poder patriarcal e de princípios e controles religiosos e comunitários mais tradicionais, bem como a modernização societária e cultural, traduziram-se em mudanças nas relações de gênero, na ampliação da autonomia dos diversos componentes da família e em um exercício bem mais aberto e livre da sexualidade, dissociada das responsabilidades da reprodução.

Com a urbanização e as demais mudanças estruturais, as transformações culturais e a crescente escolarização feminina e sua entrada no mercado de trabalho, a mulher tem, cada vez mais, se tornado independente e buscado sua realização profissional em detrimento de antigos valores do passado.

É importante considerar que a inserção da mulher no campo de trabalho se deu também porque o processo de modernização intensificou a desigualdade social, com consequente empobrecimento de setores da população.

Diante dessas condições de empobrecimento, surge a necessidade da contribuição do salário da mulher como forma de acesso a novos bens de consumo (BILAC, 1991). Assim, a mulher e outros membros da família foram para o mercado de trabalho, como meio de ampliar a renda familiar e assegurar a manutenção do nível de consumo doméstico.

O ingresso da mulher no mercado de trabalho possibilitou independência financeira e colaborou para redefinir a posição social feminina na família e no espaço público. Alteraram-se, assim, os padrões de relacionamento entre gêneros, acarretando questionamentos, por parte das mulheres, dos modelos hegemônicos ordenadores da família e da sexualidade. Ao mesmo tempo, aumentou o número de mulheres em todos os níveis de ensino, o que lhes conferiu a qualificação para ocuparem postos de trabalho mais bem remunerados no sistema produtivo (ROMANELLI, 1986).

Para Castells (1999), a inserção das mulheres no mercado de trabalho é um dos principais fatores de mudança na condição feminina e, por consequência, determinou alterações na sociabilidade doméstica; na medida em que a mulher passa a ter independência financeira, é redefinida a sua posição social na família e no espaço público.

A partir da década de 1980, concomitantemente com a globalização, foi generalizada a ampliação de mulheres em postos de trabalhos. A análise dos níveis de ocupação por sexo mostra que o ingresso feminino no mercado de trabalho, acentuado na década de 1980 e mantido em crescimento até 1995, retomou seu impulso (PNAD, 2002).

Segundo a Pesquisa Mensal de Emprego (PME), em janeiro de 2008 havia aproximadamente 9,4 milhões de mulheres trabalhando nas seis regiões metropolitanas de Recife, Salvador, Belo Horizonte, Rio de Janeiro, São Paulo e Porto Alegre. Este número significava 43,1% das mulheres com 10 anos ou mais de idade. Em 2003 esta proporção era de 40,1% (PME, 2008).

Em 2009, no Brasil, em média, eram 10,6 milhões de mulheres na força de trabalho, sendo 9,6 milhões ocupadas e 1,1 milhão desocupadas (PME, 2010).

A tabela a seguir mostra que o nível de ocupação da população masculina manteve-se em queda, com nítida retração em 1996. Em 2002, chegou aos 67,8%, acima do ano anterior, mas bem abaixo ao de 1992. Já o nível de ocupação feminina também se retraiu em 1996, mas recuperou-se em 1999 e atingiu 44,5% em 2002, praticamente o mesmo nível de 1995. No período de 2004 e 2005, estava acima dos anteriores. Esses resultados indicam a continuidade do forte ingresso feminino no mercado de trabalho, que vem ocorrendo desde a década de 1980 (PNAD, 2004).

Tabela – Percentual de pessoas ocupadas na semana de referência, na população de 10 anos ou mais de idade, segundo o sexo – 1992/2004 – Brasil.

Sexo	1992	1993	1995	1996	1997	1998
Homens	72,4	71,9	71,3	69,0	69,2	68,3
Mulheres	43,4	43,5	44,6	41,9	42,5	42,0
Total	57,5	57,3	57,6	55,1	55,4	54,8

Sexo	1999	2001	2002	2003	2004
Homens	67,9	67,4	67,8	67,2	67,9
Mulheres	43,0	43,1	44,5	44,4	45,5
Total	55,1	54,8	55,7	55,4	56,3

Fonte: IBGE, Diretoria de Pesquisas, Coordenação de Trabalho e Rendimento, PNAD, 2004.

Em 2005, a população economicamente ativa somava 96 milhões de pessoas, das quais 56,4% eram homens e 43,6%, mulheres. Observou-se que nos últimos dez anos a distribuição da PEA,[5] por sexo, sofreu uma acentuada mu-

---

[5] População Economicamente Ativa.

dança, com a redução da participação masculina e aumento da feminina em 3,2 pontos percentuais (IBGE, 2006).

Segundo dados do IBGE (2008), Pesquisa Mensal de Emprego (PME), em janeiro de 2008, havia aproximadamente 9,4 milhões de mulheres trabalhando nas seis regiões metropolitanas onde foi realizada a pesquisa: São Paulo, Rio de Janeiro, Recife, Salvador, Belo Horizonte e Porto Alegre. Este número significa 43,1% das mulheres. Em 2003 a proporção era de 40,1%. Esses dados comprovam o aumento da representatividade feminina no mercado de trabalho, um crescimento de três pontos percentuais.

A análise da proporção de mulheres ocupadas entre 1998 e 2008, segundo a PNAD, revela um aumento da participação das mulheres no mercado de trabalho, passando de 42,0% para 47,2% no conjunto do país. Este aumento é, sem dúvida, fruto não só da necessidade de complementação da renda familiar, como também resultado de uma maior independência cultural conquistada pelas mulheres nas últimas décadas.

Aproximadamente 35,5% das mulheres, em 2009, estavam inseridas no mercado de trabalho como empregadas com carteira de trabalho assinada, percentual inferior ao observado na distribuição masculina (43,9%). As mulheres empregadas sem carteira e trabalhando por conta própria correspondiam a 30,9%. Entre os homens, este percentual era de 40%. Já o percentual de mulheres empregadoras era de 3,6%, pouco mais da metade do percentual verificado na população masculina (7,0%) (PME, 2009).

Bilac (1991) destaca o aumento acentuado na participação das mulheres casadas e com filhos, seguidas pelas separadas e pelas unidas consensualmente, no trabalho remunerado. Esse aumento, que começou com as mulheres de famílias de melhor nível socioeconômico, vem se difundindo para níveis mais baixos (HOFFMANN e LEONE, 2004).

Nessas circunstâncias, a própria divisão sexual do trabalho é questionada. Embora os maridos tenham uma prática inovadora e um discurso igualitário, "as esposas expressaram a insatisfação com a divisão sexual do trabalho e pressionam os maridos para assumirem parte das tarefas domésticas" (ROMANELLI, 1991, p. 34).

O IBGE aponta que na área urbana do país a média de escolaridade das mulheres ocupadas foi de 9,2 anos de estudo, enquanto para os homens foi de 8,2 anos. Na área rural, a média de anos de estudo, "apesar de estar em patamares mais baixos", também é favorável às mulheres (de 5,2 anos de estudo, ante 4,4 anos para os homens) (IBGE, 2008).

Com a urbanização que impulsiona a mulher para o mercado de trabalho e altera os papéis domésticos, surge outra face das mudanças sociais: a modernidade cultural, com os movimentos de contracultura, em reação aos modelos tradicionais de orientação social, questionando o sistema simbólico vigente e defendendo a liberdade individual e sexual de cada um (ROMANELLI, 1986).

A relação de trabalho e a emancipação feminina parecem convergir mais nas camadas médias do que nas camadas populares; nesta, o elemento motivador e primordial do ingresso ao trabalho é, na maioria das vezes, a luta pela sobrevivência.

As mulheres das camadas mais pobres, além de possuírem um baixo nível educacional e qualificação, estão inseridas em grande parte no mercado informal, em péssimas condições de trabalho e salários. Já as mulheres provenientes das camadas médias e altas são geralmente mais bem instruídas e qualificadas para enfrentar as novas exigências do mercado. Elas colocam-se em bons postos de trabalhos, recebem melhores salários, e o ingresso se dá muito mais por uma questão de independência, autonomia ou poder de consumo, do que por questões de pobreza e sobrevivência (MENDES, 2002).

O mercado de trabalho brasileiro, fruto de uma história masculina e de geração de postos de trabalho insuficientes para absorver o contingente de trabalhadores, a inserção da mulher no mercado de trabalho, mesmo com as desigualdades em relação ao trabalho masculino, tem sido crescente e visível, assim como o percentual de mulheres em cargos de comando de grandes empresas.

Segundo Sanches e Gerbim (2003), as dificuldades da mulher no mercado de trabalho refletem-se em três indicadores e são reveladas pelo IBGE/PME(2008) nas seis regiões metropolitanas (São Paulo, Rio de Janeiro, Recife, Salvador, Belo Horizonte e Porto Alegre):

    a) Inserção no trabalho: as dificuldades para obtenção de emprego são maiores para as mulheres do que para os homens; as taxas de desemprego feminino são superiores às masculinas; as mulheres costumam ficar longos períodos sem conseguir uma colocação. As mulheres eram ainda a minoria no mercado de trabalho, elas lideravam o *ranking* da desocupação (1,0 milhão). Entre os desocupados, no total das seis regiões, elas representavam 57,7%, enquanto entre os homens esse contingente foi de 779 mil, 42,3% (IBGE, 2008).

    b) Vulnerabilidade na inserção feminina: a mulher se encontra em condições menos adequadas que a dos homens na qualidade dos empregos por elas obtidos. O trabalho feminino encontra-se, em maior proporção, em postos de trabalho vulneráveis, representados pelo assalariamento sem carteira assinada, trabalho doméstico, autônomos que trabalham para o público e trabalhadores familiares. No que se refere às formas de inserção, das mulheres ocupadas, 37,8% tinham trabalho com Carteira Assinada no Setor Privado, enquanto entre os homens esse percentual foi de 48,6%. Já na forma de Trabalhador Doméstico, a participação foi de 16,5% e de 0,7%, respectivamente, para mulheres e homens. Parece que, culturalmente, a mulher foi treinada em sua infância e adolescência para o desempenho de tarefas domésticas. Nas demais formas de inserção, as mulheres ocupadas estavam distribuídas da seguinte forma: Empregados sem Carteira Assinada, 12,1%; Conta Própria, 16,9%; e Empregador, 3,0% (IBGE, 2008).

c) A desigualdade na remuneração entre os sexos: os rendimentos da mulher no mercado de trabalho são sempre inferiores aos dos homens, mesmo quando exercem a mesma função e têm a mesma forma de inserção. Nem mesmo a maior escolaridade média feminina elimina essa diferenciação, indicando clara discriminação em relação ao seu trabalho. O rendimento médio habitual das mulheres em janeiro de 2008 foi de R$ 956,80, enquanto o dos homens foi de R$ 1.342,70. A partir desses valores, verifica-se que as mulheres receberam 71,3% do rendimento dos homens (IBGE, 2008).

Outro fator que influencia diretamente a inserção da mulher no mercado de trabalho é a maternidade. A gravidez e a presença de crianças pequenas podem ser um limitador real da atividade feminina e motivador de discriminação e despedimento.

O direito à proteção da maternidade, em especial a licença-maternidade, possibilita à mulher ocupar uma posição bem mais estável, quando por lei constitucional se ausenta por períodos mais longos do seu trabalho remunerado para se restabelecer e cuidar do recém-nascido. Entretanto, mesmo amparada legalmente, o medo de ser substituída após o retorno ainda é um grande vilão que preocupa as mulheres.

> A intensificação da participação da mulher no mercado de trabalho não garante a ela igualdade de inserção e qualidade de trabalho; a intensificação da luta pela conquista de direitos que apontem para a reversão desse quadro pode traduzir-se no aumento da negociação de garantias relativas à equidade de gênero, na introdução, pela negociação direta, de benefícios não regulamentados por lei e, até, pela introdução de temas dessa importância nas mesas de negociação (SANCHES e GERBIM, 2003, *on-line*).

O trabalho das mulheres depende da demanda do mercado e das suas qualificações para atendê-la, mas decorre também de uma articulação complexa de características pessoais e familiares. A presença de filhos, associada ao ciclo de vida das trabalhadoras, à sua posição no grupo familiar como cônjuge, chefe de família e outras, são fatores sempre presentes nas decisões das mulheres de ingressar ou permanecer no mercado de trabalho.

A mulher no mercado de trabalho veio quebrar a hierarquia doméstica e iniciar indagações referentes à autoridade paterna. O trabalho remunerado feminino constituiu um momento de virada nessa dinâmica do poder conjugal, uma vez que, através da independência econômica da mulher, novos arranjos se tornaram possíveis no âmbito familiar. No entanto, os autores alertam que a mudança de hábitos não acompanha o ritmo da transformação dos valores (GOMES e RESENDE, 2004).

A sociedade contemporânea está inevitavelmente marcada por uma ascensão da mulher no mercado de trabalho e na vida intelectual. A mulher tem tido êxito no aumento de sua participação na atividade econômica, embora muitas vezes isto signifique uma dupla jornada de trabalho, na medida em que continuam responsáveis pelos afazeres domésticos, ocupando-se do privado mundo do lar e de atividades remuneradas fora dele para, muitas vezes, garantir o sustento familiar

"Novas" representações familiares

A família, tanto no plano da sociabilidade quanto no plano normativo, deparou-se com alterações significativas, influenciadas por processos de mudanças sociais geradas na sociedade e no interior da vida doméstica. A família iniciou um processo de incorporação de elementos inovadores da modernidade cultural, de forma não homogênea e variando de acordo com as condições vividas por cada um de seus segmentos (ROMANELLI, 1986, 1995a; JABLONSKI, 1986).

Ocorre, assim, a difusão de novas representações que valorizam a igualdade entre sexos, a autonomia do sujeito diante do controle familiar, maior liberdade na expressão afetiva e sexual. Os princípios sustentadores do modelo familiar deixam de ser o único referencial para se pensar a vida doméstica, embora nem sempre sejam endossados e aceitos por todos os integrantes das camadas médias.

As mudanças das representações sobre as identidades de gênero, bem como as consequentes transformações na forma como alguns casais lidam com a questão da subjetividade e vivenciam a intimidade, passam a exigir uma reorganização da dinâmica do relacionamento conjugal, em que estão presentes as representações modernizantes que envolvem a realização de aspirações associadas à vida conjugal, à reprodução biológica e ao futuro dos filhos.

Com impacto na esfera do trabalho e na eliminação de qualquer forma de opressão ou desigualdade de poder, o movimento feminista se difundiu a partir de 1970, questionando o lugar da mulher, propondo igualdade de direitos para as mulheres, principalmente no que diz respeito ao trabalho e à família, e colaborando, também, para rever o papel feminino, a dominância masculina, as tarefas domésticas e o cuidado com os filhos; e também difundindo a ideia de cultura globalizada, na qual está inserida a noção de uma nova identidade feminina, decorrente da sua emancipação.

A abordagem feminista introduz a ótica do gênero para examinar a realidade familiar/social, sobre como vêm se relacionando os membros da família; essa ótica é entendida como uma construção social e histórica do ser masculino e do ser feminino, isto é, às características e atitudes atribuídas a cada um deles em cada sociedade; em outras palavras, a delimitação e classificação do que é próprio do sexo masculino e do feminino. Assim, agir e sentir-se como homem e como mulher depende de cada contexto sociocultural, uma categoria culturalmente definida e envolve relações de poder entre homens e mulheres (LOURO, 1996; ROSALDO, 1995; SCOTT, 1990).

Essa abordagem feminista conduz a uma contradição, de um lado, ao exigir uma forma de igualdade entre homem e mulher, deixando esvair a identidade específica de cada um deles, e, de outro lado, afirmar uma diferença de gênero que leva a legitimar nova desigualdade, não só entre homem e mulher, mas também no interno do mesmo mundo feminino. Nota-se que para essa abordagem falta uma teoria adequada de relação homem-mulher, uma identidade relacional, talvez por adotar um paradigma individualista e coletivizante (DONATI, 2005).

> Atualmente, alguns aspectos e âmbitos da vida social atenuam a diferença entre masculino e feminino, como efeito de luta contra as assimetrias prefixadas entre os sexos. Parecem ampliadas as margens de indeterminações, de tal modo que a definição de gênero resulta ter limites culturais imprecisos, sendo passível de interpretações subjetivas, que admitem um amplo espectro de variações (PETRINI, 2005, pp. 44 e 45).

As transformações sociais que vêm ocorrendo no espaço público e privado, sobretudo a partir da década de 1960, afetaram a forma de viver e de construir a identidade de gênero. No mundo do trabalho, as conquistas do movimento feminista são facilmente observáveis com a inserção das mulheres em atividades antes reconhecidas como exclusivamente masculinas, bem como no espaço privado em que homens compartilham com mulheres os cuidados com a casa e com os filhos (FREITAS et al., 2009).

Com base em práticas e conceitos originários das ciências sociais e com o apoio de técnicas e saberes oriundos do terreno da Psicologia, os padrões tradicionais de conduta também são submetidos a reavaliações de caráter distinto, com a expansão dos princípios e conceitos da psicologia e psicanálise, o que implicava tomar os indivíduos em sua particularidade psicológica para colocá-los em sintonia com a modernização do país e com os desígnios ditados pelo progresso do mundo ocidental (CUNHA, 1996).

Ao entender que o psiquismo era o local onde se firmavam os alicerces da sociedade, deixou-se permear pelos conceitos de uma psicologia normalizadora da personalidade, invasora da intimidade doméstica e, mais ainda, do terreno da subjetividade, muitas vezes vulgarizados e distorcidos através do psicologismo, dando um caráter pseudocientífico ao questionamento desses padrões. O sujeito passa a buscar cada vez mais dentro de si mesmo soluções individuais para as mudanças nas relações afetivas e na vida doméstica (RUSSO, 2000).

Com um discurso considerado inovador, procura-se concentrar os saberes no terreno da instituição escolar e nas mãos de seus profissionais, vitimando as famílias, que se tornaram desprovidas de qualidades para educar. Existe uma tendência moderna da terceirização das funções familiares (CUNHA, 1995).

Os comportamentos familiares vão-se modificando, ocorre diminuição considerável das funções institucionais e o aumento das pessoais. A função educativa na família, além dos pais, passa a contar com diversos grupos sociais, principalmente pelos meios de comunicação, em que a televisão e o computador, com suas redes interligadas, influenciam a condução do processo educativo.

A modernização ocorrida na sociedade brasileira, em sua dimensão econômica, política, cultural, com tendências culturais individualistas, desencadeou novas situações para a vida familiar, compelindo-a a redefinir suas relações internas e seus padrões de relacionamento, dando origem a formas alternativas de sociabilidade na família, principalmente no universo do relacionamento entre pais e filhos, no que se diz respeito à paternidade.

Em confronto com os padrões hegemônicos na família, os modelos alternativos vão ordenando a vida social e, consequentemente, familiar, introduzindo alterações no núcleo das relações domésticas.

Tradicionalmente, a força do laço conjugal tinha uma dimensão institucional: o casamento era fundado na dependência entre os componentes do casal, pela divisão e complementaridade entre eles. Hoje em dia, o laço conjugal segue uma tendência de procurar relações amorosas satisfatórias, e não mais o compromisso de manter uma união estável, quando ela é insatisfatória.

A busca da igualdade de direitos e deveres vai-se instalando de forma complexa e desencadeia inúmeras mudanças, que passam a exigir uma reorganização da dinâmica do relacionamento conjugal e familiar. Os casais são estimulados e aprendem a dividir as tarefas e responsabilidades de casa, a procurar alternativas para a educação dos filhos e para a vida familiar.

Os membros da família passam a exigir muito mais dela. O companheirismo e a amizade são importantes, mas não mais considerados suficientes. A importância do afeto e da sexualidade compensadora atualmente é indispensável à manutenção do casamento.

> O valor da igualdade foi progressivamente assimilado ao quotidiano da convivência familiar, dando origem a formas mais de-

mocráticas e igualitárias de partilhar tarefas e responsabilidades entre marido e mulher. São abandonados os modelos tradicionais que atribuíam o primado ao marido, reservando para as mulheres tarefas domésticas, mas não emergem novos modelos familiares que tenham uma validade universalmente reconhecida e aceita (PETRINI, 2005, p. 43).

Ocorre uma transformação da intimidade doméstica, na qual as mulheres exercem o papel mais importante, assegurando a possibilidade de uma democratização radical da esfera pessoal, mudando a maneira de entender a sexualidade, o amor e o erotismo nas sociedades modernas, devido às várias transformações, principalmente quando se desvincula sexualidade da reprodução e permite à mulher a reivindicação do prazer sexual. Constrói-se, desse modo, a representação positiva da liberdade e da autonomia do indivíduo, em contraposição a uma representação negativa da família enquanto instituição repressora (ROMANELLI, 1986).

Desde 1960, as brasileiras vinham processando a ruptura com o papel social que lhes era atribuído, introduzindo-se no mercado de trabalho e ampliando suas aspirações de cidadania. Controlar a fecundidade e praticar a anticoncepção passam a ser aspiração das mulheres. A sexualidade plena e os novos padrões de comportamento sexual desvinculam a maternidade do desejo e da vida sexual. Essa conjuntura implicou a necessidade de políticas de acesso aos métodos contraceptivos (COSTA, 2009, p. 1).

O sociólogo Giddens (1993) descreve que as novas formas de relacionamento que resultaram dessas mudanças têm como base a igualdade e os princípios democráticos, evidenciando três categorias básicas do relacionamento amoroso: o amor confluente, a sexualidade plástica e o relacionamento puro.

O "amor confluente" se pauta pelas identificações projetivas e fantasias de completude, presume igualdade na relação nas trocas afetivas e no envolvimento emocional. O amor confluente introduz o relacionamento sexual no cerne do relacionamento conjugal e transforma a realização do prazer sexual recíproco em um elemento-chave na manutenção ou dissolução do relacionamento.

A "sexualidade plástica" é uma sexualidade descentralizada, liberta da regra do falo, das necessidades de reprodução, do envolvimento emocional dentro de um projeto reflexivo do eu no cotidiano, da importância jactanciosa da experiência sexual masculina e das necessidades de reprodução.

Desvinculada da reprodução, permite à mulher a reivindicação do prazer sexual. A livre escolha da maternidade e, portanto, o direito de recusá-la, foi uma reivindicação central e unânime do movimento de mulheres nos anos de 1970. Essa nova forma de vivência da sexualidade é fundamental para a emancipação implícita no "relacionamento puro", assim como para a reivindicação feminina ao prazer sexual.

"O relacionamento puro" é parte da reestruturação genérica de uma verdadeira intimidade, um relacionamento centrado no compromisso, na confiança; a sua continuidade depende do nível de satisfação que cada uma das partes pode extrair do mesmo, numa negociação transacional de vínculos pessoais, estabelecida por iguais. "Uma situação em que se entra em uma relação social apenas pela própria relação [...] e que só continua enquanto ambas as partes considerarem que extraem dela satisfações suficientes, para cada uma individualmente, para nela permanecerem" (GIDDENS, 1993, pp. 68-69).

Ocorre, assim, a difusão de novas representações que valorizam a igualdade entre sexos, a autonomia do sujeito diante do controle familiar, maior liberdade na expressão afetiva e sexual. Essas novas representações nem sempre foram endossadas e aceitas por todos os integrantes da família; os princípios tradicionais do modelo familiar ainda continuam como referencial para se pensar a vida doméstica.

Atualmente, a família se organiza não só pela relação de gênero, que gera uma rede de sociabilidade muito rica, quando a mulher começa a se inserir no mercado de trabalho de modo intenso, conciliando atividades domésticas com atividades profissionais, mas também pelo princípio do individualismo e do igualitarismo que marcam e mudam as relações (BARBOSA, 2001).

O princípio do igualitarismo faz com que as mulheres passem a exercer de modo muito intenso uma carreira, constituindo não apenas um trabalho realizado fora de casa, mas um trabalho em que elas se desenvolvem tanto quanto os homens; um trabalho como carreira e projetado para o futuro. Exige-se, portanto, uma reciclagem do conhecimento feminino, para se manter no mercado de trabalho e para ter uma relativa ascensão profissional.

A família, nos dias atuais, tende a organizar-se de maneira democrática, na igualdade dos membros, genitores e filhos. Com isso, a função social das mulheres vai sendo alterada, ocorrendo transformação na organização doméstica e um redimensionamento da partilha rígida de tarefas, modificando e gerando outras situações sociais e familiares, como a divisão sexual do trabalho, mudanças nos modelos de masculinidade e feminilidade, aumento de escolarização feminina, desgaste da moral dualista e outras. Nesse contexto, o trabalho e a carreira passam a ter uma importância tão grande quanto o relacionamento afetivo (GOLDENBERG, 2005).

As relações afetivas tendem a ser pensadas de modo diferente. O universo dos relacionamentos afetivos não é regido pelo princípio da produtividade, nem pelo princípio formal que rege a relação de trabalho, mas é fundado na reciprocidade, na doação em relação ao outro, na troca recíproca, em que o comportamento dos parceiros é de doação, mantendo os limites, evitando a fusão.

O que ocorre é que as pessoas têm uma doação no casamento que passa a ser regida por uma relação menos contratual e mais de partilha. O marido e a mulher dividem as tarefas, partilham o que vai sendo negociado.

Ocorre, assim, a difusão de novas representações que valorizam a igualdade entre sexos, a autonomia do sujeito diante do controle familiar, maior liberdade na expressão afetiva e sexual. Os princípios sustentadores do modelo familiar deixam de ser o único referencial para se pensar a vida doméstica, embora nem sempre sejam endossados e aceitos por todos os integrantes das camadas médias (ROMANELLI, 1986).

Surge o que Salem (1989) chama de casal igualitário, que pode apresentar, como principal dilema, o tatear a áurea medida dos movimentos de "discriminação" dos parceiros, de modo que eles não redundem na fragmentação da unidade. Isto é, o indivíduo deve ver saciado seu anseio de singularização e de não englobamento pelo outro e, ao mesmo tempo, deve continuar a se reconhecer na exigência de uma vida compartilhada e de uma existência comum. Em uma palavra, o desafio é o de, enquanto casal, ser dois e simultaneamente um só.

O casal igualitário dramatiza princípios que regem a ordem social individualista e exprime dilemas que lhe são inerentes... acompanhando premissas de base da ordenação individualista, os cônjuges percebem-se como sócios livre-contratantes e a cada um deles é outorgado – tal como aos "cidadãos" – antecedência lógica e moral sobre o contrato que os vincula. Nesse arranjo, o sujeito singular é concebido como inteligível em si mesmo e, cioso da preservação de sua liberdade individual, ele se antagoniza a qualquer instância que, encapsulando-o, possa comprometer a atualização desse valor (SALEM, 1989, p. 35).

Desse modo, o casal igualitário está comprometido com a ideia de sujeito singular, acompanhada nas premissas de base da ordenação individualista de que se estrutura em função de um encontro psicológico singular, ordenado internamente por um princípio da igualdade, rejeitando a diferença entre os gêneros.

A conjugalidade moderna adota como ideal a preservação da autonomia individual e da singularidade. O par igualitário enfatiza a importância do companheirismo e da amizade na relação, sem esquecer a dimensão sexual, ponto fundamental para avaliar a "saúde" do vínculo conjugal (HEILBORN, 2004).

O casal contemporâneo busca uma relação mais de intimidade e democrática, fundada numa regra sociológica da mutualidade em que equipara o valor atribuído a identidades e, por conseguinte, a um apagamento das fronteiras entre o feminino e o masculino. Libera-se das constrições sociais e dos preconceitos culturais, e se compromete com a ideia de avanço, autoaperfeiçoamento, e com a não reprodução de modelos.

O peso do coletivo diminui sobre o sujeito, concentrando grande número de trocas afetivo-sexuais entre si, e as pessoas conquistam algum espaço de modo mais negociável do que na família, em que o familiarismo tem um peso muito rígido.

As famílias deparavam-se com alterações significativas influenciadas por processos de mudanças sociais, tanto geradas na sociedade quanto no interior da vida doméstica. Os valores da igualdade, liberdade, mudança e singularidade individuais, com tensão entre a tendência à simbiose e à busca de preservação da identidade individual no casal igualitário, passam a ser determinantes nos arranjos conjugais contemporâneos (HEILBORN, 2004).

Na busca de igualdade, liberdade e intimidade, o casal igualitário enfrenta uma tensão em manter a unidade na diversidade; o desafio é construir uma unidade com dois e permanecer um só, numa ordem individualista.

Por adotar o cultivo da subjetividade na busca de autonomia individual e a singularidade, o casal contemporâneo necessita de atenção especial para o fechamento sobre si, talvez um dos maiores dilemas, pois, para manter o espaço da individualidade na relação conjugal, o cônjuge pode converter-se na única medida de si mesmo, considerar-se o único critério de avaliação tanto da realidade como das próprias opções, orientando-se e julgando-se absolutamente dono de suas decisões, perdendo de vista outros objetivos que não estejam centrados no próprio eu; e com essa postura a relação díade não acontece.

As mudanças das representações sobre as identidades de gênero, bem como as consequentes transformações na forma como alguns casais lidam com a questão da subjetividade e vivenciam a intimidade, passam a exigir uma reorganização da dinâmica do relacionamento conjugal, em que estão presentes as representações modernizantes que envolvem a realização de aspirações associadas à vida conjugal, à reprodução biológica e ao futuro dos filhos.

A estabilidade familiar passa a depender do mútuo consentimento dos esposos, com tudo o que ela comporta: compatibilidade de gênio, adaptação sexual, harmonia conjugal, amor. Por outro lado, a opção pela reprodução biológica torna-se objeto de escolha a dois, e não simples consequência de relações sexuais. O comportamento reprodutivo dos casais é condicionado, entre outros fatores, pela condição financeira, tendo em vista o projeto de escolarização e os cuidados que os pais, sobretudo a mãe, podem dispensar aos filhos a fim de assegurar-lhes uma socialização condizente com o projeto de ascensão social das famílias de camadas médias (ROMANELLI, 1991).

Nesse processo de transformação, além da difusão de ideias feministas e da influência da psicologia e psicanálise, que alimentam a ideia do casal igualitário, questionando o lugar social da mulher e seus direitos, a grande novidade foram as transformações tecnológicas, proporcionando controles sobre a reprodução humana. Em especial da pílula anticoncepcional, que permitiu à mulher passar a controlar sua fertilidade, conquistar a liberdade sexual com segurança e praticidade e, mais recentemente, aliar a contracepção a outros benefícios propiciados pela pílula; separou-se, assim, radicalmente a sexualidade da reprodução, deslocando o controle da reprodução biológica do homem para a mulher.

Paralela ao surgimento da pílula, a taxa de fecundidade brasileira decresce da média nacional de 6,3 filhos em 1960 para 5,8 filhos em 1970, chegando ao patamar de 2,3 filhos em 2000. A região Sudeste foi a que registrou o menor índice de fecundidade, 2,1 filhos por mulher, segundo dados do Instituto Brasileiro de Geografia e Estatística (IBGE, 2000).

Segundo Berquó (1998, 2004), de 6,2 filhos por mulher entre 1940 e 1960, a taxa de fecundidade passou a 5,6 em 1970, caiu para 4,2 em 1980 e chegou a 2,5 em 1991. Entre 1991 e 2000, a queda da fecundidade foi de 12%.[6] A acelerada queda da fecundidade ocorrida no país nas últimas duas décadas explica a redução do tamanho das famílias.

O número médio de componentes caiu de 3,9 pessoas, em 1991, para 3,5 em 2000 e 1,6 filhos em 2005. As famílias com um a quatro componentes estão mais presentes nas áreas urbanas, enquanto as famílias com cinco a onze pessoas são mais frequentes na área rural. As famílias com até quatro componentes representam 60% do total no país. Nos últimos 45 anos, a taxa de fecundidade brasileira caiu quase 70%. Enquanto em 1960 cada mulher tinha, em média, seis filhos, em 2005 esse número caiu para dois (IBGE, 2009).

Entretanto, é preciso considerar que estamos em constantes mudanças na família, e os dados do PNDA revelam que, em relação ao decréscimo sofrido nas últimas décadas,

---

[6] A taxa de fecundidade cai tanto por vários motivos. Antigamente, as famílias tinham muitos filhos porque sabiam que, com a alta taxa de mortalidade infantil, pelo menos a metade iria morrer. E precisavam que uma parte sobrevivesse para sustentar a família na velhice. Com a Previdência Social, o governo assume esse papel. Outro fator é a questão do crédito direto ao consumidor, que também é da década de 1970. Isso significa que as pessoas passaram a ter aspirações de consumo e a pensar um pouco mais se vão ter três filhos e comprar alguma coisa, ou se vão ter dois. Além disso, as mulheres passaram a ficar muito mais expostas ao setor da saúde e começaram a receber informações sobre pílulas, laqueaduras e outros métodos anticoncepcionais. O quarto fator fundamental foi a verdadeira revolução da telecomunicação no Brasil, que com a televisão alcançou os rincões mais afastados do país (BERQUÓ, 2004).

o índice de fecundidade subiu de 1,89 filho por família para 1,94, de 2008 para 2009. Em série histórica fornecida pelo instituto, é possível perceber que a média de filhos por família foi de 2,33 em 2001, tendo recuado sucessivamente nos anos seguintes: de 2,26 filhos em 2002; de 2,14 filhos em 2003; de 2,13 filhos em 2004; de 2,06 filhos em 2005; de 1,99 filho em 2006, e de 1,95 filho em 2007 (PNDA, 2009).

A relação conjugal e o trabalho doméstico começam a ser redefinidos, pois como marido e esposa estão no mercado de trabalho, as regras não são claras para o casal e para estabelecer a relação entre pais e filhos. Além do mais, a experiência dos pais para cuidar dos filhos vai ficando desatualizada.

Na tensão de introduzir alterações no núcleo das relações domésticas, que modificam o modelo hegemônico da instituição, os membros da família se encontram com inúmeras ambiguidades e questionamentos no que de fato deve ser feito e vivido, oscilam entre a adoção de condutas inovadoras e daquelas vinculadas aos valores convencionais; um movimento pendular que caracteriza a situação de transição em que vivem (ROMANELLI, 1991).

Nesse contexto de alterações na vida familiar, é mister considerar a influência da socialização primária e secundária,[7] bem como o "desmapeamento" nos integrantes da família,

---

[7] Socialização primária refere-se à internalização, durante a primeira infância, de determinado sistema simbólico que engloba os aspectos básicos da identidade dos sujeitos. Esse sistema serve de orientação para a inserção da criança no mundo social em geral e, normalmente, é apreendido em relações de forte carga afetiva, envolvendo a criança e outros agentes socializadores. A socialização secundária está relacionada às fases seguintes da vida, abrangendo, principalmente, os ambientes de escola, trabalho e lazer, tendo como socializadores vários agentes, além dos meios de comunicação, introduzindo o indivíduo em um determinado mundo social mais específico (BERGER e BERGER, 1980).

para uma maior compreensão das dificuldades e indefinições nos modelos sexuais e na construção de papéis de gêneros.

Podem ocorrer conflitos que Nicolaci-da-Costa (1985) denominou "descontinuidade socializatória", em que os diferentes sistemas simbólicos não conseguem se integrar, havendo forte resistência do indivíduo, tanto em relação à erradicação dos valores da socialização primária quanto à incorporação dos valores da secundária.

Os sistemas simbólicos internalizados em diferentes momentos passam a coexistir no mesmo sujeito, caracterizando o chamado "desmapeamento", e podem ocasionar conflitos e crises quando o sujeito se vê obrigado a ter de optar por apenas um único referencial.

O sujeito perde sua orientação social, convivendo com dois modelos simbólicos diferentes: o tradicional, que ainda não deixou de existir completamente, e o alternativo, que ainda não foi internalizado de maneira completa, o que pode ocasionar, muitas vezes, conflitos e crises, quando o sujeito vê-se obrigado a ter que optar por apenas um único referencial (NICOLACI-DA-COSTA, 1985).

As famílias estão se deparando com sérios desafios advindos tanto das suas necessidades internas como do seu meio social que, em algumas situações, favorece famílias cada vez mais ricas à custa de famílias cada vez mais pobres.

Nas famílias menos favorecidas, a situação é bem mais delicada e gritante, pois são excluídas da sociedade, sem os mínimos direitos respeitados. Sem condição de viver, enfrentam um meio social hostil e selvagem, e a pobreza de bens e a carência de educação e de afeto tornaram-se epidêmicas para a família.

Nesse processo de negociação e de procura de diretrizes, a família é motivada a ordenar a vida doméstica entre o tradicional e o moderno. Essa instabilidade doméstica favorece com que a dimensão da complementaridade, do individualismo e, consequentemente, do relativismo perpassem de forma mais intensa a organização doméstica na sociedade contemporânea, em especial na relação pais e filhos.

O predomínio e a valorização do interesse individual sobre o coletivo, pelas tendências culturais contemporâneas, contribuem nas relações familiares com o individualismo, com uma tensão entre interesses individuais e coletivos.

Cria-se um espaço para uma convivência complicada, pois evidencia o interesse de cada um e diminui o interesse coletivo. Alguém que é individualista pensa, sente e atua segundo seus próprios interesses, importando em menor medida o contexto social em que se encontra e, às vezes, se torna ruim, com consequência nefasta, pois o que passa a valer é a competitividade, o êxodo em si (GOUVEIA, 2003).

Se o peso da família é muito intenso sobre a individualidade, o individual pode chegar ao extremo oposto, criando situações em que a solidariedade corre o risco de ficar obscurecida pela realização da predominância do desejo de uma pessoa da família.

Dessa forma, o individualismo abre um espaço de cisão em que comungar com o interesse coletivo se torna muito difícil. Há uma difusão grande do princípio do individualismo, que é realimentado intensamente pela própria lógica da sociedade capitalista, que coloca ser preciso vencer a qualquer custo, principalmente quando ocorrem situações de crise econômica.

O sujeito passa a buscar cada vez mais dentro de si soluções individuais para as mudanças nas relações afetivas e na vida doméstica; instala-se a cultura do "cada um por si" e do "vale tudo". Perdem-se as referências, é válido aquilo que possibilitar o sucesso, o bem-estar pessoal, o acesso a tudo que a vida pode oferecer. Não existem mais regras rígidas, "a verdade" e "o bem" perdem o seu primado. O que importa é o que é prazeroso para mim, o "nós" se reduz ao "eu" e o "nosso" ao "meu"; implanta-se a absolutização do individualismo e do relativismo, que gera a fragmentação do ser humano e, consequentemente, da família.

A fragmentação reduz a dimensão unitária e totalizante do ser humano em si e intimamente ligadas entre si e, consequentemente, da família. Fratura essa que se manifesta em diversos níveis sociais e culturais, principalmente no estilo de vida dos membros da família e nas políticas públicas, que, na concepção cotidiana, faz surgir a mentalidade das oposições, tais como: objetivo/subjetivo; público/privado; família/sociedade; fé/vida; ciência/religião e outros.

Algumas concepções da Psicologia também servem para realimentar o individualismo na família, pois, no plano de algumas tendências, o que se coloca é que o importante é você se conhecer e ser feliz, não sendo tão importante a relação com o outro. Essa realidade está presente nos vários segmentos da sociedade, que estimula a procurar a realização de suas aspirações.

No senso comum, a Psicologia ou o psicologismo passa a fazer parte da vida e das relações das pessoas; os termos "traumas", "neurose", "frustração" e outros vão sendo incorporados no cotidiano das pessoas conforme o senso comum lhes possibilita, muitas vezes sem conhecimento, de fato, do que sejam essas realidades. As pessoas aplicavam essas nomenclaturas psicológicas conforme consideravam adequadas, quase sempre a partir do seu universo pessoal. Parece que tudo deve ter uma explicação psicológica, como se pode notar na célebre frase: "Freud explica".

Na perspectiva da influência da psicologia, surge, a partir dos anos 1970, a psicologia social nos estudos de gênero e, posteriormente, as terapias feministas, com abordagens terapêuticas feministas, na diversidade de pressupostos teóricos que fundamentaram diferentes práticas que emergiram, sobretudo, dos estudos e trabalhos com grupos de mulheres (NOGUEIRA, 2001).

As representações individualistas próprias da sociedade contemporânea passam a permear também a socialização infantil pela visão psicologizada e politizada dos genitores, com a intenção de não causar "traumas" e "problemas" posteriores aos filhos (BERGER e KELLNER, 1970).

Não se pode mais partir do pressuposto da existência de uma família tradicional nuclear conjugal para dar suporte ao desenvolvimento infantil. Modelo em que o pai era o único provedor e a ele era atribuída uma posição hierárquica de maior autoridade em relação aos demais elementos da família; e à mãe, delegada pelo marido, no âmbito da esfera privada, cabia controlar as atividades dos filhos. Estes, por sua vez, tinham identidades claras de acordo com os princípios que regiam a construção das identidades de gênero e com os princípios da divisão sexual do trabalho (FIGUEIRA, 1987; ROMANELLI, 1995b).

O aumento da participação feminina no espaço público não teve contrapartida no aumento da atividade do homem no espaço privado nem no necessário reforço das infraestruturas de apoio à família. Continua, por consequência, a recair sobre a mulher o essencial das tarefas de reprodução e renovação da força de trabalho. A maternidade será sempre um fator complicador, quando a paternidade não for responsável.

Com a família contemporânea em processo de reformulação, presencia-se um crescente intercâmbio entre as funções materna e paterna, já que nos dias de hoje tanto os homens quanto as mulheres dividem seu tempo entre o trabalho fora de casa e os cuidados destinados aos filhos (DANTAS; JABLONSKI; FÉRES-CARNEIRO, 2004).

Este novo e importante papel provedor forçou uma modificação substancial nas relações familiares: o homem perde sua condição de autoridade e provedor principal, pois os ganhos femininos tornam-se necessários para compor o orçamento doméstico.

Assim, as pessoas alteram seu modelo orientador, entrando em uma situação nova e ambígua, para a qual não se tem referência sólida a seguir. Os homens modificam seu papel de autoridade e provedor, procurando se adaptar aos novos papéis que deles são esperados, tais como de pai mais acessível com os filhos e marido mais solidário nos afazeres domésticos. Já as mulheres não conseguem se distanciar de seu papel de esposa e mãe, sentindo-se culpadas, quando inseridas em carreiras promissoras, por não se dedicarem integralmente à casa e aos filhos (BRIOSCHI; TRIGO, 1987; JABLONSKI, 1986).

No período anterior à década de 1960, ressaltava-se apenas o papel do pai no processo de separação do vínculo simbiótico tido como normal entre mãe e filho e no estabelecimento de limites na educação, como também das consequências negativas de sua ausência parcial ou total no desenvolvimento saudável dos filhos.

Na década de 1960, período em que se consolidava o movimento feminista, as publicações começaram a valorizar o envolvimento direto do pai no cuidado filial. A participação paterna passou a ser considerada necessária e reivindicada pelas mães, à medida que estas se diferenciavam das gerações anteriores pelo engajamento progressivo em atividades laborais externas ao lar. Frequentemente tal participação passou a ser desejada pelo pai ao descobrir o prazer de compartilhar da intimidade de seus filhos (FALCETO et al., 2008).

A inclusão do pai na órbita do privado tende a aproximá-lo dos filhos e a estabelecer novas formas de sociabilidade na família, embora a inserção masculina em um universo associado à dimensão da vida interior e da subjetividade desloque o genitor para um espaço de indeterminação cultural, no qual ele não encontra modelos para orientar sua conduta (ROMANELLI, 1986).

Com isso, introduz-se uma importante mudança nas relações familiares, permitindo, ainda que de modo incipiente, um novo modo de vivenciar a paternidade. O modelo tradicional de pai distante, provedor e autoritário vai dando lugar a alguém participativo, envolvido nas questões de sua prole.

O exercício das atividades de paternidade, como os cuidados corporais e afetivos para com os filhos, pode ser um caminho para a construção de um novo modelo de homem mais afetuoso e terno (BRASILEIRO; JABLONSKI; FÉRES-CARNEIRO, 2002; COWAN; COWAN, 2000; LEWIS; DESSEN, 1999; WALZER, 1998; BOECHAT, 1997; SANCHEZ; THOMPSON, 1997).

Segundo Goldenberg (2000), assiste-se a uma proximidade do contato entre o genitor e os filhos, incentivando a demonstração de afeto e a participação ativa durante o crescimento das crianças. Ainda conforme a autora, estar-se-ia presenciando maior flexibilidade nos papéis paterno e materno, que podem sair dos estereótipos rígidos e experimentar novas situações.

No entanto, a paternidade na contemporaneidade ainda convive com três perspectivas diferentes: a tradicional, a moderna e a emergente. Na tradicional, o pai é representado como provedor, modelo de autoridade e poder, que sustenta economicamente a família, dá suporte afetivo à mãe, mas não se envolve diretamente com os filhos. Já a moderna evidencia o seu papel no desenvolvimento moral, escolar e emocional com os membros da família. E a emergente baseia-se na ideia de que os homens são, psicologicamente, capazes de participar ativamente dos cuidados e da criação das crianças (FEIN, 1978).

As perspectivas referentes à paternidade, conforme Corneau (1995), a partir de uma visão da Psicologia Analítica, podem estar intimamente ligadas aos três papéis que os pais devem desempenhar com os filhos.

O primeiro é o de "separar" a criança de sua mãe e vice-versa; ele rompendo a simbiose estabelecida e colocando um limite na vida da criança ao reivindicar a mãe para si próprio também, estabelecendo uma relação triangular pai-mãe-filho que implica conflitos, mas que são fundamentais e construtivos, se vivenciados de modo saudável e respeitoso. Quando o pai recusa esse papel "conflitogênico" que lhe foi conferido, cria uma enorme dificuldade na organização dessa tríade familiar.

O segundo papel apresentado por esse mesmo autor é o de ajudar a confirmar a identidade de seu filho ou filha. O investimento paterno ao menino e à menina lhes dá segurança e autoestima.

E o terceiro papel do pai seria o de transmitir a capacidade de receber e de interiorizar os afetos que carrega consigo. Esse contato pode gerar cumplicidade, aproximando pais e filhos, ajudando-os a estabelecer uma relação genuína e salutar de vínculo.

Conforme Dantas (2003), esse processo de aproximação do pai na órbita do privado é um desafio árduo e lento, pois é através da relação com os filhos, de sua participação na casa, que o homem revive experiências circunscritas ao seu ambiente familiar de origem, que remexe sentimentos e relacionamentos e faz com que, ao se tornar pai, procure resgatar a experiência que teve com o próprio pai, o que pode gerar sofrimento e desconforto.

O genitor, muitas vezes, tem dificuldade de se relacionar afetivamente com o filho por estar condicionado ao medo da intimidade, à falta de contato com os próprios sentimentos e à agressividade reprimida, por sua identidade, que se formou também na relação com seu pai. Pois a criança precisa reconhecer-se nos pais e ser reconhecida por eles, construindo, a partir daí, a própria identidade. E quando isto não acontece, ela irá buscar uma segurança exterior, para compensar a insegurança interior relativa a sua identidade (CORNEAU, 1995).

E, ainda, precisa-se observar que o relacionamento entre genitor e filhos é também influenciado por fatores externos ao convívio familiar, como: desemprego, trabalho da esposa, divisão de responsabilidades, atuação de terceiros e outros.

Outra alteração na vida doméstica crescente no Brasil, que exemplifica as alterações na relação entre pais e filhos, é o tipo de relacionamento e cuidado que os avós passam a ter com os seus netos. Aqueles que antes desempenhavam os papéis indiretos nos cuidados e na formação dos netos, passam a assumir atribuições e obrigações de pais, devendo agora impor limites e regras, expandindo seus papéis na família e, muitas vezes, até substituindo os pais dos seus netos.

O censo demográfico de 2000 descreveu que 20% dos domicílios brasileiros tinham idosos como chefes de família, o que expressa um número de mais de 8 milhões de lares. Desse total, 36% são compostos de casal com filhos e/ou outros parentes (IBGE, 2002).

Os motivos mais comuns da expansão dos papéis dos avós na família relacionam-se a alterações nos valores da sociedade e, por consequência, no modo de vida moderno. Como exemplo: a inserção das mulheres no mercado de trabalho, dificultando-lhes o cuidado integral dos filhos; as dificuldades econômicas, como desemprego dos pais e necessidade de ajuda financeira por parte dos avós; necessidade de ambos os pais trabalharem para proverem o sustento doméstico; divórcio do casal, com retorno para casa dos pais, juntamente com os netos; novo casamento de pais separados e não aceitação das crianças por parte do cônjuge; gravidez precoce e despreparo para cuidar dos filhos; morte precoce dos pais; incapacidade dos pais decorrente de desordens emocionais ou neurológicas; uso de drogas ou envolvimento em programas de recuperação para usuários de drogas; envolvimento em situações ilícitas e problemas judiciais (SANTOS, 2003; GOODMAN; SILVERSTEIN, 2002; GLASS JR; HUNEYCUTT, 2002; MINKLER; FULLER-THOMSON, 1999).

2. Separação/divórcio na sociedade brasileira

A palavra "divórcio", etimologicamente, vem do latim *divortium*, "separação", derivada da palavra *divertere*, que significa "tomar caminhos opostos, afastar-se"; talvez esta possa ser a razão pela qual este vocábulo latino é utilizado, na língua portuguesa, para designar separação de cônjuges, rompimento do casamento civil por meio de dissolução judicial do matrimônio.

No Brasil, a legislação do divórcio de 1977 alterou a lei do desquite e possibilitou a dissolução total do casamento, concedendo aos ex-cônjuges a possibilidade de casarem-se novamente, o que, até então, era juridicamente impossível.

O divórcio, tal como a morte de um dos cônjuges, a nulidade ou anulação do casamento e a separação judicial (desquite), eram os motivos mais comuns para o término da sociedade conjugal. Todavia, o vínculo do casamento válido somente era dissolvido pela morte de um dos cônjuges ou pelo divórcio. Já a separação judicial mantinha o vínculo matrimonial, embora dissolvesse a sociedade conjugal.

Assim é que, apesar de pôr fim aos deveres de coabitação, fidelidade recíproca e ao regime de bens, a separação judicial não permitia novo casamento dos cônjuges, que, aliás, poderiam restabelecer, a todo tempo, a sociedade conjugal. O divórcio, ao contrário, permitiu que os ex-cônjuges contraíssem novo casamento entre si ou com terceiros.

É importante registrar que a nulidade do casamento, seja em nível civil, seja religioso, torna o casamento inválido.

Portanto, casamento nulo é casamento que nunca existiu. Pela lei civil brasileira, é nulo o casamento contraído pelo enfermo mental sem o necessário discernimento para os atos de vida civil ou, ainda, por infringência de impedimento. Pela legislação canônica, o matrimônio pode resultar nulo por impedimento, por falta de consentimento e por falta de forma. Nesses casos, os cônjuges podem contrair "novo" matrimônio.[1]

A promulgação de leis reconhecendo e legitimando as separações que já ocorriam antes mesmo da regulamentação legal colaborou para que o divórcio perdesse o estigma e o tornasse socialmente mais aceitável, diminuindo o preconceito da época e, obviamente, abrindo espaço para que o tema fosse discutido com novas perspectivas. Esses fatores legais contribuíram para que as pessoas ficassem menos agregadas ao casamento como instituição, levando-as, consequentemente, a ter o divórcio como solução.

O aumento no número de divórcios no Brasil e em outros países ocidentais na segunda parte do século XX se deve há múltiplos fatores interligados, tais como culturais, demográficos, sociais e, principalmente, pessoais. Esses mesmos fatores têm contribuído para a manutenção de taxas relativamente elevadas de divórcio no século XXI, bem como ao aumento das taxas de coabitação (AMBERT, 2005).

A decisão dos cônjuges pelo divórcio pode estar ligada a fatores como resultado das tendências de secularização, à facilitação dos processos legais, bem como à tendência para o individualismo.

---

[1] Pela lei civil, casamento "nulo" é uma coisa, casamento "anulável" é outra. A legislação canônica trata de casamento "nulo", não "anulável". Por isso, somente me referi a casamento "nulo" (cân. 1.156).

Quando o individualismo é acoplado com uma ideologia de gratificação, particularmente sexual e psicológica, em que as pessoas são encorajadas a ser "feliz" e "realizadas", afeta diretamente a mentalidade dos cônjuges sobre seu casamento (GLENN, 1996).

O Brasil atingiu nos últimos tempos a maior taxa de divórcio desde 1977, ano em que a separação foi instituída. De acordo com a pesquisa "Estatísticas do Registro Civil 2007", divulgada pelo Instituto Brasileiro de Geografia e Estatística (IBGE), para cada quatro casamentos civis foi computada uma separação, atingindo o percentual de 1,49 para cada mil habitantes. A taxa de divórcios cresceu, assim, 11,5%, passando de 160.848 para 179.342, no Brasil (IBGE, 2007).

Segundo os técnicos do órgão, a desburocratização dos procedimentos através da Lei n. 11.441, de 4 de janeiro de 2007, que possibilita a realização do divórcio nos cartórios, com menos burocracia e maior rapidez, pois os processos são facilitados e agilizados, tornando mais simples os procedimentos de separações e de divórcios consensuais, permitindo aos cônjuges realizarem a dissolução do casamento, através de escritura pública, em qualquer tabelionato do país, e, ainda, a mudança no comportamento da sociedade, que passou a aceitar o divórcio de forma mais comum, são fatores responsáveis pela elevação da taxa de divórcio no país.

Anteriormente à Lei de 2007, o divórcio e a separação eram necessariamente judiciais, obrigando-se, inclusive, o juiz, antes de decretar a separação ou o divórcio, a concentrar esforços no sentido de reconciliar o casal. Isso porque, do ponto de vista constitucional, a família é a célula *mater* da sociedade e, como tal, deve ser preservada pelo Estado (BRASIL, CONSTITUIÇÃO BRASILEIRA, art. 226).

Dados do Instituto Brasileiro de Geografia e Estatística demonstram a constante elevação do número de separações e divórcios ocorridos no Brasil. Entre os anos de 1998 e 2003, a elevação foi de 44% e 17,8%, respectivamente. Já no período entre 2004 e 2005, as separações judiciais aumentaram 7,4%, mantendo um crescimento gradativo. O número de divórcios no país acompanhou a tendência do aumento gradativo dos últimos anos: de 1993 a 2008, o volume de separações subiu de 87.885 para 90.421, e o de divórcios, de 94.896 para 153.811, registrando, no ano 2008, 4,6% de acréscimo em relação ao ano anterior (IBGE, 2008).

O casamento entre jovens é outro fator que merece ser considerado diante do aumento do divórcio. Os jovens podem estar em uma situação menos preparada para o casamento, principalmente por não se encontrarem tão maduros para lidar com conflitos, por ainda se encontrarem numa instabilidade econômica, própria daqueles que se iniciam no mercado de trabalho, e emocionalmente instáveis para uma convivência com pessoas diferentes nas diversas situações próprias do cotidiano familiar.

Pessoas muito jovens que estão iniciando sua carreira profissional normalmente têm baixos rendimentos; a instabilidade financeira é um fator que modifica a convivência familiar, principalmente quando se está inserido numa sociedade capitalista, onde o dinheiro significa estabilidade e segurança. A busca de estabilidade financeira e material faz com que se invista grande parte do tempo nas atividades voltadas ao mercado de trabalho, reduzindo, assim, o tempo e as condições para os relacionamentos pessoais e o cultivo de valores familiares (AMATO; PREVITI, 2003).

O aumento gradativo da expectativa de vida dos brasileiros também pode ser um elemento importante para entender a elevação gradativa no número de divórcios na sociedade brasileira. A previsão é de que a esperança de vida da população brasileira de ambos os sexos deve alcançar 80 anos, por volta de 2040, e 81,3 anos, em 2050, segundo a pesquisa do IBGE, divulgada na Tábua Completa de Mortalidade da População do Brasil (IBGE, 2008)

De acordo com dados do IBGE, a esperança de vida da população brasileira era de 45,5 anos em 1940 e 47,5 anos na década de 1950. Ou seja, em cem anos (2050), a esperança de vida deve subir até 35 anos. Em 2008, a esperança de vida ainda era de 72,8 anos. O levantamento mostra que a esperança de vida para os homens subiu de 18,49 anos para 19,46 anos e para as mulheres, de 21,26 anos para 22,70 anos.

Com a legalização do divórcio, a família assume novas configurações, que, por sua vez, geram também outras formas de sociabilidade. O número de divórcios cresceu e os casamentos também, embora houvesse expressivo aumento no número de uniões consensuais, isto é, quando um casal passa a viver junto, prescindindo de casamento civil, enquanto a nupcialidade legal e religiosa foi perdendo valor.

É importante considerar que as uniões consensuais, comuns entre a população de baixa renda, aumentam em todas as camadas sociais. A forma de união muda, mas as pessoas não deixam de viver juntas, o que mostra a importância da vida a dois e da constituição da família, e tendem a reproduzir os aspectos principais do modelo tradicional de conjugalidade, como a fidelidade, o amor, o respeito e a coabitação (QUINTEIRO, 1990).

Segundo o IBGE (2008), o brasileiro está casando mais, pois o número de casamentos tem sido crescente nos últimos dez anos, com destaque para o período compreendido entre 2003 a 2007.

Na comparação dos resultados para os anos de 1998 e 2007, as estatísticas mostram que o percentual de crescimento dos registros de casamentos nos cartórios do país foi de 31,1%.

Quadro – Casamentos, por mês do registro, estado civil do homem e da mulher, grupos de idade do homem e da mulher e lugar do registro – Brasil

Variável = Número de casamentos (Unidades)					
Ano					
2003	2004	2005	2006	2007	2008
748.981	806.968	835.846	889.828	916.006	959.901

Fonte: IBGE (2008) – Estatísticas do Registro Civil.

Segundo o IBGE, a melhoria nos serviços de registro civil de casamento, a maior procura dos casais para formalizarem suas uniões consensuais, incentivados pelo código civil renovado em 2002, e as ofertas de casamentos coletivos contribuíram para este crescimento estatístico.

A tendência observada nos indicadores estatísticos interrompeu a sequência de redução de casamentos que vinha ocorrendo entre 1999 e 2002, e que expressava o comportamento da relação casamentos/população também observado no início da década de 1990.

O aumento do número de casamentos e divórcios no Brasil pode ter sido motivado, também, pelas mudanças de comportamento na sociedade brasileira, que influenciaram diretamente a estrutura e a dinâmica da família.

Nos integrantes das famílias ainda permanece uma versão idealista de não se divorciarem, pois buscam o casamento com o desejo de preservar o relacionamento, procurando, com isso, evitar o seu fim, apesar da impossibilidade de controlá-lo. Mesmo que exija renúncias ou implique rotinas, investem na vontade de cuidar e de preservar o sujeito cuidado, muitas vezes pelo exercício da tolerância e paciência para lidar com a diferença do outro. Diferença que deve ser suportada, sob pena de resultar no fim do relacionamento.

O projeto da relação amorosa estaria ligado à aceitação, à acomodação e à adequação da obrigação moral ante o relacionamento amoroso, a aceitar o outro e a situação assim como é. Uma forma de proteger o amor romântico das inseguranças inerentes à relação, mesmo podendo representar sofrimento, aprisionamento e escravidão, e, ainda, resultar no fim do relacionamento conjugal (COSTA, 1998).

Trata-se, segundo Bauman (1997), do

> [...] esforço para emancipar o relacionamento de sentimentos erráticos e vacilantes, para assegurar que – aconteça o que acontecer com suas emoções – os parceiros continuem a beneficiar-se dos dons do amor: o interesse, o cuidado, a responsabilidade do outro parceiro. Um esforço para alcançar o estado em que se possa continuar recebendo sem dar mais, ou dando não mais do que o padrão estabelecido exige (p. 115).

Atualmente, apesar do modelo de união eterna e dos ideais do amor romântico das pessoas, estas já não acreditam na indissolubilidade da união entre os cônjuges e, tampouco, na obrigatoriedade da manutenção de um casamento insatisfatório ou sem amor. Ocorre uma mudança na moral conjugal que indica ser preferível a solidão, articulada à possibilidade de outra relação, a manter uma união baseando-se na comodidade ou no hábito.

Para haver casamento, é necessário o amor e o companheirismo, como características principais, e não mais a eternidade. Instala-se a ideia de que a relação entre os envolvidos tenha por eixo, cada vez mais, o desejo recíproco e menos a obrigação. Prioriza-se a igualdade e o respeito à mútua individualidade (COSTA, 2007; GARCIA; TESSARA, 2001; HADDAD, 2006; TURKENICZ, 1995).

> A promessa feita pelos nubentes diante do altar, de permanecerem juntos até que a morte os separe, esbarra nestes senões: as pessoas hoje vivem muito mais do que na antiguidade e são pressionadas a mudar de hábitos, roupas, eletrodomésticos, carros e tudo mais, no menor espaço de tempo. Assim, em primeiro lugar, algo que pode ser tolerado ou aceito por dez anos, talvez não o seja por cinquenta [...]. Em segundo lugar, o forte apelo em prol de constantes mudanças pode estar precipitando uma indesejável generalização, até para áreas ligadas aos relacionamentos (JABLONSKI, 1998, p. 93).

As pessoas não estão dispostas a fazer muitas concessões, seguem o princípio custo-benefício, tal como nas relações de mercado; conforme os lucros obtidos, o relacionamento continuará recebendo investimentos ou será suspenso (BAUMAN, 2004; COSTA, 1998).

O casamento não é mais visto como uma instituição centrada na responsabilidade mútua, mas agora é baseada na busca de felicidade, realização e companheirismo. Como afirma Simons e outros (1996, p. 219), "se a razão de estar num casamento é o amor e o apoio mútuos, é difícil para as pessoas se justificarem permanecer em um relacionamento onde isso não é mais presente".

O relacionamento passa a depender mais do indivíduo, através do vínculo emocional íntimo, balizado pela satisfação mutuamente extraída da relação, podendo ser finalizado, unilateralmente, em qualquer momento da convivência a dois.

Os aspectos emocionais e psicológicos da vida conjugal como sexo satisfatório, afinidade, lealdade, respeito e confiança adquirem maior importância. A duração do casamento parece estar diretamente relacionada aos acordos e acertos do casal. Quando esses acordos são de alguma forma rompidos, surgem tensões e conflitos que acarretam desgaste do casamento e podem levar ao divórcio (MALDONADO, 1995).

A liberdade para se abandonar a relação a qualquer momento é latente; o amor não está alicerçado em compromissos a longo prazo. Privilegia-se o momento em detrimento do futuro, a trajetória do relacionamento não tem importância. As relações tornam-se superficiais. Não há qualquer tipo de garantia.

A tolerância é reduzida quando o casamento não cumpre com as expectativas de realização pessoal (AMATO, 2000); os casais passam a ser menos tolerantes com os seus desafios e menos dispostos a assumir os sacrifícios necessários da vida a dois.

Passam a não aceitar que o casamento não corresponda às suas expectativas de felicidade, prazer, compreensão mútua e companheirismo (STRAUBE; GONÇALVES; CENTA, 2003; FÉRES-CARNEIRO, 1998; OLIVEIRA, 1996).

O relacionamento é mantido pela aceitação por parte de cada um dos parceiros, "até segunda ordem", e desde que cada um obtenha da relação benefício suficiente que justifique sua continuidade. Uma relação que favoreça a individuação e a intimidade, no exercício da arte do erotismo, até o ponto em que os parceiros a considerarem desejável ou essencial (GIDDENS, 1993).

A continuidade do relacionamento amoroso contemporâneo está atrelada à lógica de produção capitalista, que dá tudo (ou quase tudo) ao outro enquanto se encontram gratificações e compensações. No momento em que isso não ocorre, desinveste-se na relação. Esse tipo de relação implica que o amor seja unilateral. No entanto, as trocas recíprocas parecem sair da configuração do amor exclusivo por sustento e segurança, para adentrar na lógica do exercício igualitário de ações para manutenção física e psicológica do casal, desde as atividades de rotina diária até a manifestação sexual multifacetada e compartilhada (GUEDES; ASSUNÇÃO, 2006).

Jablonski (2001) considera que a sociedade contemporânea cria nos indivíduos uma expectativa muito difícil de ser alcançada ao tornar sinônimos amor-paixão e casamento, gerando desejos que não se poderão cumprir.

O desejo conflitante de intensificar mais os vínculos e, ao mesmo tempo, mantê-los mais livres e soltos colaborou com a fragilidade dos laços humanos na contemporaneidade. Essa ambivalência, caracterizada nos relacionamentos atuais, resulta em ansiedade, superficialidade e brevidade relacional. Instala-se, principalmente, um sentimento de insegurança e instabilidade, em que os cônjuges têm a intenção de estar juntos e, ao mesmo tempo, não estabelecer relações duradouras. Aquilo que Bauman (2004), ao descrever as relações virtuais, chama de amor líquido, resulta, principalmente, da instabilidade e da insegurança que imperam na modernidade líquida e que passam a caracterizar as relações de amor, provenientes do risco que poderá trazer um novo relacionamento no qual previsões e mecanismos de controle não se aplicam.

Os casamentos podem tornar-se mais fugazes quando a relação oscila "entre sonho e pesadelo e não há como determinar quando um se transforma no outro"; por isso, é mais comum a dissolução do vínculo do que a perseverança na busca de alternativas para a resolução (BAUMAN, 2004, p. 8).

Mesmo com a grande influência da Igreja Católica no Brasil, o aspecto religioso na instituição do casamento não é mais determinante, pois houve a dessacralização do casamento. Para muitos, tornou-se uma escolha individual em vez de um pacto diante de Deus, e essa mudança contribuiu para a aceitação da sua natureza temporal (CHERLIN, 2004).

Contudo, mesmo com o divórcio fazendo parte do universo cultural e social das pessoas, é importante considerar que, normalmente, elas não contraem um casamento com a intenção de divórcio, talvez por ser considerado um grande rompimento no processo ideal do ciclo de vida familiar, uma ação imprevisível que impõe novos desafios e novas reorganizações à família em todos os níveis geracionais, tanto à família nuclear como à ampliada, provocando-lhe uma crise como um todo e também a cada indivíduo que a compõe (CARTER e MCGOLDRICK, 1995).

Ciclo vital familiar

Por ciclo vital se entende um processo integrador das fases ou etapas pelas quais as famílias passam, definidas sob alguns critérios, desde o início da sua constituição em uma geração até a morte de um ou dos indivíduos que o iniciaram.

O ciclo vital familiar evidencia a trama relacional dos membros da família através do tempo, conectando as distintas gerações que a compõem (MORÉ; QUEIROZ, 2007; CERVENY; BERTHOUD, 1997).

A família, normalmente, apresenta um ciclo vital, também chamado "carreira da família" (KLEIN; WHITE, 1996), que se move continuamente ao longo do tempo, vivenciado em forma diferente e variável, de acordo com vários condicionamentos inerentes a ela, como a idade dos membros da família, tempo de união do casal, a cultura familiar, entre outros. Segundo Cerveny e Berthould (1997, p. 17), "cada família constrói sua história e este processo de construção da realidade se dá no dia a dia, ao longo do ciclo vital".

Entre os principais teóricos que estudam o ciclo vital familiar estão Paul Glick, Evelyn Duvall, Hill, Rodgers, Aldous, Carter, McGoldrick. No Brasil, encontramos os estudos de Boehs, Manfrini (2005), Cerveny, Berthoud (1997). Segundo esses autores, a família passa por diferentes momentos significativos e padronizados na sociedade em que se insere. Funciona como um sistema de relações complexas que se move através do tempo, com valores próprios estabelecidos entre os membros, que ora são incorporados ao grupo, ora o deixam.

O ciclo vital familiar não define por si só a trajetória pela qual todas as famílias deveriam passar ao longo de seu desenvolvimento, nem mesmo estabelece rigidamente o começo e o fim de um determinado período; a proposta deve ser entendida como um meio de orientação para se entender a dinâmica da família.

A dinâmica familiar dependerá do tempo e do contexto em que se insere, os estágios ou ciclos que se encontram nos vários estados de transição inferidos a partir de eventos que indicam mudança nos membros que compõem a família ou na forma como estão organizados espacial e internacionalmente (HOFFMANN et al., 2005).

O estabelecimento de novas relações na família dependerá de idade, maturidade, experiências anteriores dos cônjuges, das redes de apoio social e familiar, e principalmente das seleções, das negociações e redefinições de papéis e funções, que modelarão o núcleo que se está formando. Cada nova família que se formar irá vivenciar de maneiras diferentes cada fase.

Mesmo sendo um processo único, o retrato dos diversos momentos que a família passa traz alguns traços que parecem comuns na maioria das relações domésticas ocidentais. De forma não determinante e flexível, Cerveny e Berthoud (1997) propõem uma caracterização da família em quatro fases ao longo do seu ciclo vital.

A primeira é chamada Fase de Aquisição, que engloba a escolha do(a) parceiro(a); o nascimento da família pela união formal ou informal do casal; a preocupação em adquirir bens; a chegada dos filhos e a vida com filhos pequenos. É uma fase que se caracteriza pela aquisição em todos os sentidos: material, emocional, psicológico (BERTHOUD e BERGAMI, 1997). Um tempo de formação do casal em si, do distanciamento da família de origem, da primeira casa e, principalmente, da escolha de um modelo de família próprio.

Segundo Carter e McGoldrick (1995), essa fase tem sua ênfase na maneira com que o indivíduo negocia a sua independência com a família de origem, assim como o seu afastamento, para nesse momento estabelecer objetivos pessoais e assumir responsabilidades na construção do seu próprio modelo familiar, iniciando um novo sistema e, assim, o estabelecimento de novas relações.

Mesmo com a diminuição da fecundidade e com um número considerável de casais que não desejam ter filhos, um grande marco é a chegada do primeiro filho, tempo em que ocorre uma mudança ímpar na família, abre-se um novo espaço em que são exigidas novas estratégias para lidar com as tarefas de desenvolvimento e educação, a capacidade de adaptação para receber o novo membro e habilidades para administrar as necessidades emergentes e outras situações. Ocorrem verdadeiras transformações nas relações domésticas e sociais do casal.

No contexto da chegada dos filhos, quando estes experimentam a adolescência, a família vivencia uma fase de adaptação entre as duas gerações. Os valores preestabelecidos pelos pais passam a ser contestados pelos filhos, e, por outro lado, também os próprios pais se questionam sobre suas profissões e posições.

A fase dos filhos adolescentes (segunda fase) afeta, sobremaneira, a família, que se torna também um pouco adolescente no sentido de mudanças que estão ocorrendo, se os adolescentes questionam os valores, as regras familiares, a preocupação com o futuro... Os seus pais estão na fase do questionamento profissional, revendo posições, fazendo reformulações e também pensando no futuro (CERVENY, 1997).

A fase madura é a terceira fase, caracterizada pela necessidade de assistir os pais com idade avançada e de ajuda aos filhos que carecem de auxílio dos pais para o cuidado com os próprios filhos.

Nessa fase estão inseridos os filhos adultos jovens e pais em plena maturidade, cuja idade estende-se dos cinquenta a meados dos sessenta. As características dessa família envolvem mudanças, como: saída de casa e/ou casamento dos filhos; inclusão da terceira geração e parentes por afinidades; cuidados com a geração mais velha, entre outras. É considerada uma fase difícil, porque o casal se depara com duas gerações precisando de amparo: a dos filhos que estão se preparando para ter sua própria família e dos pais em processo de envelhecimento (CARBONE e COELHO, 1997).

E, por fim, Cerveny e Berthoud (1997) definem a última fase, quando o casal volta novamente a estar só, pois seus filhos já constituíram suas famílias. Com a saída física de alguns membros do núcleo familiar e a inserção de novos membros (noras, genros e netos), ocorre uma reestruturação de papéis.

É uma fase que se tem estendido bastante, em face do aumento da expectativa de vida da população. Geralmente, coincide com a aposentadoria e o retorno a uma vida a dois pelo casal.

A fase última do ciclo vital é marcada pela perda de amigos e parentes e poderá trazer forçosamente a reflexão e, muitas vezes, a constatação da velhice como a fase que se aproxima da finitude pessoal e da ideia inevitável da viuvez. Nesse período, há um fechamento de ciclo (SILVA, ALVES e COELHO, 1997).

Considerando as contribuições da psicologia do desenvolvimento e de teóricos da família (BOEHS e MANFRINI, 2005; CERVENY e BERTHOUD, 2002; CARTER e MCGOLDRICK, 1995), no que se refere ao ciclo vital familiar, deve-se levar em conta que cada um dos membros que compõe a família apresenta um ciclo vital de desenvolvimento próprio, com estágios diferenciados, no que diz respeito às aquisições de tarefas específicas deles, e se desenvolvem segundo uma sequência de eventos – na qual alguns episódios são considerados esperados e, outros, imprevisíveis, a partir de padrões culturais e sociais em que está inserida a família.

Uma ação imprevisível se refere à separação/divórcio conjugal no ciclo vital familiar, que, mesmo sendo considerado um evento comum e mais aceitável na sociedade ocidental pela alta incidência, é um evento estressor que gera tensão e controvérsias entre o casal, levando a um clima de disputa, e que cria novas estruturas domésticas de convivência entre pais e filhos. Trata-se de um marco legal que provoca em todos os familiares, principalmente em pais e filhos, angústias e incertezas, as quais ameaçam a estabilidade pessoal e causam inúmeras mudanças na dinâmica do cotidiano familiar (SCHABBEL, 2005).

Os membros da família, em geral, mesmo tendo consciência e liberdade na prática do divórcio, não estão preparados para o impacto emocional, social e econômico que isso acarreta, pois a transição da separação conjugal afeta a família em várias gerações, aumentando a complexidade das tarefas desenvolvimentais vivenciadas (PECK e MANOCHERIAN, 1980/2001).

É preciso, no entanto, considerar que o divórcio, por ser complexo e pluridimensional, não pode ser encarado como um acontecimento ou episódio único, limitado a um determinado período temporal, ou a uma fase no ciclo vital familiar, ou mesmo um momento de perda de uma instituição muito bem adaptada e saudável. Mas, antes, como uma ruptura com padrões psicossociais que trazem consigo normas sociais e familiares disfuncionais, a serviço de uma ideologia dominante. Uma sequência de acontecimentos e experiências que levam todo o sistema familiar a um processo que se inicia, muitas vezes, antes de se abordar a separação em si e se prolonga para além do divórcio legal (BUCHANAN e HEIGES, 2001; CARTER e MCGOLDRICK, 1995; COSTA, 1994).

Divórcio e alterações na dinâmica familiar

O divórcio primeiramente está relacionado às profundas alterações na identidade de gênero feminino, associada à luta pela igualdade de direitos entre homens e mulheres. Depois uma segunda grande alteração, que contribuiu para aumentar as separações, está no plano das representações sociais[2] e reporta-se ao próprio significado do casamento, da separação e da vida doméstica como espaço de realização pessoal.

Embora uma proporção considerável de divórcios tenha como motivação dificuldades econômicas, uma situação que surge com ele é o empobrecimento das mulheres (SMOCK e MANNING, 1997). Essa situação de baixa no nível de vida é uma das grandes preocupações das mulheres separadas, como nos aponta o estudo de Wagner e Grzybowski (2003).

---

[2] As representações sociais, segundo definição clássica apresentada por Jodelet (1985), são modalidades de conhecimento prático orientadas para a comunicação e para a compreensão do contexto social, material e ideativo em que vivemos. São, consequentemente, formas de conhecimento que se manifestam como elementos cognitivos – imagens, conceitos, categorias, teorias –, mas que não se reduzem jamais aos componentes cognitivos. Sendo socialmente elaboradas e compartilhadas, contribuem para a construção de uma realidade comum, que possibilita a comunicação. Desse modo, as representações são, essencialmente, fenômenos sociais que, mesmo acessados a partir do seu conteúdo cognitivo, têm de ser entendidos a partir do seu contexto de produção. Ou seja, a partir das funções simbólicas e ideológicas a que servem e das formas de comunicação onde circulam (SPINK, 1993).

A situação da mulher divorciada com filhos é mais grave, e pior para a idosa e para aquela com pouca experiência de trabalho, sendo que esta última tende a tornar-se ainda mais pobre devido à desigualdade entre homens e mulheres no mercado de trabalho, a qual, embora tenha diminuído ligeiramente, faz as mulheres ganharem 28,4% menos que os homens, segundo dados divulgados pelo IBGE (2008).

A renda média dos homens em 2008 foi de R$ 1.172, enquanto a das mulheres ficou em apenas R$ 839, considerando as pessoas com emprego, formal ou não. A média nacional foi de R$ 1.036 (IBGE, 2008).

Estudos realizados por Galarneau e Sturroch (1997), Finnie (1993), Bianchi e outros (2000) indicam que, no primeiro ano após o divórcio e ajustamento familiar, a renda familiar despenca para as mulheres em cerca de 20 a 40%, enquanto declina muito menos para os homens. Mesmo três anos após o divórcio, a renda das mulheres continua a ser muito abaixo do que elas tinham durante o casamento e bem aquém das rendas atuais dos seus ex-maridos.

Além da pobreza para uma proporção feminina, muitas vezes há uma perda de apoio social, principalmente dos ex-sogros, familiares e amigos que o casal compartilhava. O cônjuge que é deixado, geralmente, sofre mais, pelo menos nos três primeiros anos (SWEENEY, 2002).

Há que se considerar, também, que, em camadas populares, a separação imprime configurações familiares diferentes daquelas de camadas médias e altas. Em populações de baixa renda, muitas vezes devido a questões financeiras, que impedem o casal de manter duas casas separadas, o divórcio inaugura um modelo familiar baseado em redes de ajuda mútua, em que mais de uma família reside junta. Existem também situações em que se observam famílias monoparentais, chefiadas por mulheres com filhos de diferentes relacionamentos (CANO et al., 2009).

Contudo, em geral, a mulher se adapta mais rapidamente à condição pós-divórcio do que os homens; essa adaptação à nova realidade pode estar relacionada ao fato de as mães permanecerem, em sua maioria, com a guarda dos filhos após a separação/divórcio[3] (DINIZ NETO e FÉRES-CARNEIRO, 2005).

Conforme as *Estatísticas do Registro Civil do IBGE* (2007), dos 89,1% dos divórcios concedidos no Brasil, a responsabilidade pelos filhos foi concedida às mulheres. O patamar mínimo observado foi de 80,6%, no Acre, e a maior proporção ocorreu no Rio de Janeiro 94,8%).

O elevado percentual da responsabilidade das mulheres pela guarda dos filhos menores, embora em declínio, é um dos fatores que explica o elevado número de homens divorciados que recasam com mulheres solteiras.

Tabela – Percentual do número de divórcios concedidos em primeira instância a casais com filhos menores de idade por responsável pela guarda – Brasil

Anos	1986	1996	2006	2007	2008
Mulheres	83%	88,8%	90,1%	90,6%	89,8%
Homens	10,8%	6,7%	5,2%	5,2%	5,0%
Ambos os cônjuges	3,0%	6,6%	3,3%	3,5%	4,4%
Outros	2,5%	1,3%	0,47%	0,49%	0,52%
Sem declaração	0,73%	0,55%	0,14%	0,16%	0,21%

Fonte: IBGE (2008) – Estatísticas do Registro Civil – Fonte.

---

[3] Do total de divórcios concedidos que envolviam a guarda de filhos, em 88,7% dos casos a responsabilidade pelas crianças ficou com a mulher (IBGE, 2008).

Apesar de pesquisa do IBGE mostrar que aproximadamente 90% dos filhos ainda ficam com as mães depois do divórcio e de permanecer a cultura de que a mãe é sempre a melhor pessoa para dar atenção e cuidado às crianças, entre 1997 e 2007 (IBGE, 2008) o índice de pais que entraram na Justiça com pedido de guarda aumentou de 5% para 25% em cinco anos.

Em dez anos, o número de homens que assumiram a guarda de filhos menores de 16 anos aumentou 25% no Brasil. O dado integra o IBGE (2008) na Síntese de Indicadores Sociais. Em 1997, do total de famílias monoparentais (famílias com a presença de um dos cônjuges), 7,8% delas eram constituídas dessa maneira. O percentual subiu para 9,8% em 2007.

O crescimento parece ainda maior quando se observam os números absolutos: o total de pais nessas condições subiu de 278 mil para quase 445 mil (154 mil apenas na região Sudeste).

O IBGE (2008), contudo, descreve que também cresceu o volume de famílias brasileiras em 2007: eram 60,1 milhões. As famílias monoparentais (família chefiada apenas por um dos pais) também cresceram: eram 19,2% em 1997 e subiram para 21,8% no ano passado.

Entre outros, os fatores que motivam o aumento da guarda dos filhos pelos pais podem estar relacionados à redefinição do papel paterno na sociedade contemporânea, que os impulsiona a manter maior contato cotidiano com os filhos; ao interesse em reduzir os gastos com a pensão alimentícia; à situação de indenização por abandono afetivo; e ao novo Código Civil, que entrou em vigor em janeiro de 2002, que estabelece não ter a mãe prioridade para ficar com os filhos.

A atual legislação determina que, decretada a separação judicial ou o divórcio, sem que haja entre as partes acordo quanto à guarda dos filhos, será ela atribuída a quem revelar melhores condições para exercê-la. O juiz deferirá a guarda dos filhos menores à pessoa que revele compatibilidade com a natureza da medida, de preferência levando em conta o grau de parentesco e relação de afinidade e afetividade que possibilite o bem-estar das crianças e suas afinidades com os genitores (art. 1.584[4]).

Outra novidade no campo jurídico que modifica a guarda dos filhos foi a lei da guarda compartilhada,[5] que passou a vigorar no Brasil, a qual já era, excepcionalmente, concedida pelo Judiciário, seguindo a construção jurisprudencial no país.

Na sociedade brasileira cresce a cada ano a utilização da guarda compartilhada, modalidade esta em que o casal divide as responsabilidades, decide junto todas as questões que envolvem os filhos, responde igualmente por eles e participa da sua vida e do seu desenvolvimento.

A guarda material ou física do filho pode ficar a cargo de um dos pais, mas os direitos e deveres do poder familiar são sempre de ambos. Quem não tem a guarda física também participa da educação e formação dos filhos. Mãe e pai têm os mesmos direitos e deveres na criação. Com a guarda compartilhada, os pais terão a oportunidade de decidir juntos tudo sobre a vida e atividades da criança. Esse tipo de guarda

---

[4] Código Civil Brasileiro, Lei nº 10.406, de 10 de janeiro de 2002.

[5] Agora, com a nova redação do Código Civil, dada pela Lei nº 11.696/2008, a guarda compartilhada passa a ser a primeira opção, quando não existe acordo entre os pais. O enfoque então mudou. A guarda compartilhada deixou de ser um "precedente" jurisprudencial para ser efetivamente uma opção legal que deverá ser aplicada pelo juiz, segundo o artigo 1584, § 2º, do Código Civil.

permite que, mesmo com a separação do casal, a criança continue a conviver com os pais.

Uma vantagem da guarda compartilhada é a diminuição das divergências sobre a regulamentação de visitas e da ausência daquele cônjuge que não tem a guarda. Impede ainda que a criança permaneça por um tempo em cada casa e que a autoridade parental dependa de estar ou com o pai ou com a mãe.

Para que a prática da guarda compartilhada não fique apenas na teoria, alguns requisitos, entre outros, são indispensáveis e não podem deixar de ser considerados para que o estabelecimento dessa forma de guarda possa trazer benefícios, principalmente para os filhos. Preliminarmente, deve-se considerar tudo o que diz respeito às condições idôneas e à capacidade dos genitores ao seu comportamento no que tange ao bem-estar da criança, sem considerá-la como sua posse; outro requisito é a disposição dos pais em fazer concessões, sua capacidade de falar com o ex-cônjuge, pelo menos no que diz respeito à criança, e também com relação à capacidade de reconhecer e aceitar as diferenças entre si.

Para definir as atividades dos pais na guarda compartilhada, o juiz poderá pedir auxílio a um profissional especializado. Qualquer alteração não autorizada ou descumprimento de cláusulas do contrato de guarda pode implicar em perda de direito, inclusive com a redução do número de horas a que o pai ou a mãe tem com o filho.

Como a parentalidade, isto é, o laço que une pais a seus filhos, relaciona-se à conjugalidade, é importante considerar que depois da crise inicial da ruptura do relacionamento conjugal os ex-cônjuges tendem a valorizar a sua liberdade, os sentimentos de autovalorização e autonomia. Percebe-

-se o amadurecimento emocional dos pais e uma melhora na qualidade de vida, tanto dos ex-cônjuges como dos filhos (WAGNER e FÉRES-CARNEIRO, 2000).

Segundo Peck e Manocherian (2001), a separação ou divórcio pode significar para muitas mulheres a primeira oportunidade na vida para se sentirem independentes e autônomas, conferindo-lhes um senso de bem-estar e competência. Pode significar a descoberta de novas forças, a construção de relacionamentos novos e saudáveis, o alívio do medo, da paz e do sossego.

Entretanto, também é mister considerar a pesquisa de Grzybowski (2002), que investigou mulheres separadas/divorciadas, de idades variadas, que possuíam a guarda do(s) filho(s) e não tinham parceiro que coabitasse. A investigação realizada pela autora demonstrou que essas mulheres, de modo geral, não se encontram completamente satisfeitas com a sua condição e tendem fortemente a se fechar na relação mãe-filho. O estudo concluiu que apresentam insatisfação no que tange aos setores profissional, afetivo, familiar ou de amizades. Somente no setor parental demonstram estar mais satisfeitas do que antes da separação. Elas abdicaram de investir no setor afetivo-sexual, dedicando-se primordialmente ao papel materno.

E ainda, considerando a pesquisa de Waite e outros (2002),[6] o divórcio geralmente envolve um período de tensão, instabilidade, solidão, sentimentos feridos e, muitas vezes, hostilidade, o qual dura alguns meses a dois anos, mas pode persistir após cinco anos; e mesmo depois desse tempo, as

---

[6] Pesquisadora da Universidade de Chicago, entrevistou um grupo de 5.232 adultos casados, questionados na década de 1980 e, outra vez, cinco anos mais tarde.

pessoas divorciadas não se consideravam necessariamente mais felizes do que quando tinham permanecido casadas.

Contudo, numa dimensão de mal menor, porque traz sofrimento e perdas, o divórcio poderia ser uma resolução boa e saudável quando há situações extremas como abuso, violência, conflitos graves e outras situações que ameacem diretamente a vida pessoal e familiar.

3. Os filhos na separação/divórcio dos seus pais

Diante das transformações sociais e culturais, da ditadura do individualismo, que influenciaram diretamente a estrutura e a dinâmica familiar também no que se diz respeito à socialização das crianças, em especial a paternidade, outro aspecto que deve ser considerado é o lugar que os filhos ocupam na dinâmica familiar.

Na visão contemporânea, os filhos assumem para os pais a preocupação principal da convivência familiar e o sentido de sua função cuidadora (CALDANA, 1998). Os filhos passam a orientar e delimitar a dinâmica familiar, constituindo a razão da vida familiar, ocupando-lhe o centro.

São eles que passam a definir a extensão e os limites da família, através de aprovação ou desaprovação clara ou sutil da relação. Os pais, influenciados pelo individualismo e relativismo na educação e socialização dos filhos, se colocam numa situação de fragilidade na conduta a ser exercida no cotidiano familiar.

Talvez essa permissividade dos pais seja pela falta de critérios e de orientação para educar e socializar os filhos, diante das novas técnicas de educação e ensino que se desenvolvem na sociedade contemporânea, parecendo diminuir-lhes a competência e a influência.

No entanto, nesse contexto de mudanças na relação entre pais e filhos, numa sociedade que valoriza o individualismo, é nítida e clara a importância da família (pais e irmãos) no desenvolvimento infantil, principalmente porque ela é responsável pela socialização primária da criança, condicionando o sistema simbólico que engloba os aspectos básicos da identidade dos sujeitos.

As situações de mudança podem contribuir para a busca de alternativas à vida familiar, acarretando um número cada vez maior de separações matrimoniais, acompanhadas de sofrimento em virtude da frustração por o primeiro casamento não ter atingido o que se esperava. A pessoa que se separa torna-se mais vulnerável a uma representação social de fracasso. Isso sem contar os sofrimentos provocados pelas inúmeras perdas, em particular no que se refere ao relacionamento com os filhos, embora para muitos a separação traga certo alívio pelo sofrimento outrora vivido com o ex-cônjuge.

No contexto de alterações, o divórcio é um processo que exige um complexo de adaptações dos membros da família ao longo do tempo, podendo ter um impacto bastante diverso sobre os filhos.

As experiências das crianças, construídas na família, bem como na escola, no bairro e em todos os seus círculos sociais, contribuirão diretamente na sua formação adulta, tornando-as capazes de tomar decisões, relacionar-se, trabalhar, escolher um cônjuge (ABERASTURY e KNOBEL, 1992; BLOS, 1994; OSÓRIO, 1991).

Considerando a importância básica no processo socializatório que se dá na relação familiar, em especial dos filhos com os seus pais, é fundamental levar em conta o próprio relacionamento conjugal paterno, os seus aspectos emocionais e comportamentais que podem exercer influência nas atitudes, nas representações, na vida, enfim, no repertório cultural e emocional dos filhos.

Segundo Biasoli-Alves (2002), a família é o agente principal da socialização primária, que segue dois caminhos interligados: da dependência estrita à autonomia e do controle essencialmente externo ao autocontrole; ou seja, ela determina como vão se dimensionar as práticas de educação da prole, compõe o ambiente em que a criança vai viver, estabelece maneiras e limites para a interações entre pais, filhos e parentes. Também é ela que propicia condições para o desenvolvimento nos primeiros anos de vida do bebê, é responsável pelas condições que permitem a formação da identidade e por manter a convivência de pessoas de idades diversas, com trocas afetivas intensas, fazendo parte de sua habilidade e competência em produzir, organizar, dar forma e significado às relações entre seus membros; por fim, cabe a ela incluir, na natureza do relacionamento, "o cuidado", quando focaliza pais e filhos, e a lealdade intergeracional, quando se pensa na linha de transmissão de valores e nos modos de estar com as famílias de origem.

A partir da realidade da família como fundamental para o desenvolvimento das crianças e com a crescente situação de mudanças nas estruturas e nos relacionamentos familiares, principalmente no que se refere à situação de divórcio e recasamento dos pais, surge a grande preocupação de saber como os filhos vêm se adaptando a essa nova realidade.

Atualmente, não se pode mais partir do pressuposto da existência de uma família nuclear conjugal (marido, esposa e filhos) para dar suporte ao desenvolvimento infantil. Entretanto, o pai e a mãe ainda são a base segura para os filhos explorarem o mundo, a partir da qual a criança explora o meio em que vive e para o qual regressa. Esse movimento de ir e vir é fundamental para dar condições saudáveis para a criança se desenvolver e se relacionar com ela mesma, com os outros e com o mundo.

Os filhos e o pós-divórcio dos pais

Nos estudos sobre o ajustamento dos filhos (AMATO, 1994, 1995; HETHERINGTON e KELLY, 2003; HETHERINGTON e STANLEY-HAGAN, 1999; LAMB, STERNBERG e THOMPSON, 1997; MC CONNEL e SIM, 1999), existe um consenso de que a saúde das crianças está associada ao bem-estar dos pais e à qualidade do relacionamento de ambos. Assim, estão sob risco de problemas de ajustamento quando crescem em uma família onde o casal esteja em conflito, quer vivam juntos, quer não (SOUZA e RAMIRES, 2006).

Embora o tema do divórcio seja usualmente explorado pela perspectiva das consequências negativas sobre os filhos, a literatura acumulada (AMATO, 1994, 1995; HETHERINGTON e KELLY, 2003; HETHERINGTON e STANLEY-HAGAN, 1999; KELLY, 1998; LAMB, STERNBERG e THOMPSON, 1997; MC CONNEL e SIM, 1999) até agora permite compreender que a situação é complexa e desafiadora, e que o percurso adaptativo dos filhos depende da quantidade e qualidade de contato com a figura que não detém a guarda, do ajustamento psicológico da figura parental que detém a guarda e de sua capacidade de cuidado, do nível de conflito entre os pais após a separação conjugal, do nível de dificuldades socioeconômicas e do número de eventos estressores adicionais que incidiram sobre a vida familiar.

Alguns pesquisadores (HETHERINGTON e STANLEY-HAGAN, 1999; WEINRAUB e GRINGLAS, 1995), mesmo descrevendo que famílias separadas teriam maior facilidade de apresentar problemas do que as famílias casadas, pelo próprio contexto sociocultural e econômico, afirmam que o problema não surge na separação em si.

Ambert (2005) sugere algumas situações potencializadoras que podem ser consideradas impulsionadoras para os resultados agravantes e negativos na realidade dos filhos após o divórcio dos pais.

A primeira é a pobreza da família, ou mesmo uma redução significativa dos recursos financeiros, que muitas vezes se segue ao divórcio, fazendo com que os filhos se adaptem a outro padrão de vida.

Os resultados negativos "típicos" de filhos do divórcio muito se assemelham aos de crianças em situação de pobreza. Isso ocorre porque, após o divórcio, sucede uma série de transições, a começar com a definição de com quem os filhos vão morar; e como normalmente permanecem com a mãe, sem o poder parental, esta, geralmente, tem dificuldade de manter o equilíbrio financeiro e pode trabalhar longas horas com menos tempo para se dedicar aos filhos, que, sem supervisão, poderão, com maior probabilidade do que em outras situações, se envolver em atos delinquentes e sexo precoce. Assim, se tivéssemos de eliminar ou mesmo reduzir significativamente a pobreza infantil, as consequências do divórcio nas crianças seriam menos negativas.

A autora sugere que a ausência ou distanciamento da orientação, presença, apoio emocional e autoridade parental cria uma série de fatores de sofrimento e angústia para os filhos, especialmente para aqueles mais velhos e que tinham mais afinidade com a figura distanciada. Muitos pais, após o divórcio, experimentam uma queda dramática em sua capacidade de cuidar dos filhos, para lhes fornecer uma rotina regular, para protegê-los dos fatores de risco e perigo.

Confrontados com os próprios problemas, muitos pais divorciados privam, muitas vezes, os filhos de sua companhia, ou se tornam amigos de seus filhos e abdicam de suas responsabilidades parentais.

Ainda considerando a presença parental junto à vida do filho, muitos pais, em virtude dos inúmeros desafios na situação pós-divórcio, se tornam emocionalmente frágeis, pelo menos temporariamente, deprimidos, ou iniciam uma busca desesperada por um novo companheiro, que os tornam menos disponíveis para responder às necessidades dos filhos, criando um relacionamento de instabilidade e insegurança.

Uma situação que causa imenso sofrimento na prole se dá quando os pais, após o divórcio, continuam com os embates e brigas e acusam-se verbalmente, ou até mesmo fisicamente, na frente de seus filhos. Pior ainda quando, nos conflitos parentais, os filhos são usados como instrumento de ataque e defesa. As crianças tendem a aprender que as divergências podem ser resolvidas apenas pelos combates.

Entretanto, o divórcio, quando põe fim aos conflitos parentais, pode favorecer um efeito de alívio e estabilidade emocional.

Essas situações matrizes foram ampliadas e esquematizadas por Souza (2000), em fatores secundários, também chamados fatores de risco e proteção, como: a busca de reconciliar os pais e mantê-los juntos, quando os filhos têm o sentimento de ter sido os responsáveis pelo divórcio; a pouca ritualização no processo de separação e questões econômicas na renda familiar e o direito de pensão; distanciamento de um dos pais, ou excessiva aproximação; o recasamento;

ou quando, pela separação conjugal, os pais transferem a responsabilidade e/ou suas brigas para os filhos. É de se ressaltar que, se não houver um controle pelo ex-casal, essas desavenças poderão acarretar sérios problemas para o próprio casal, seus filhos e para toda a rede familiar.

Além desses fatores estruturais, o estudo de Souza (2000) com adolescentes que haviam vivido a separação conjugal entre os cinco e os doze anos identificou como fontes de sofrimento tanto as perdas associadas ao distanciamento dos pais quanto o número de mudanças no cotidiano e nas redes de apoio (casa, bairro, cidade, escola, amigos e outros). A quantidade e a vivência de arbitrariedade das mudanças produziam uma sensação de imprevisibilidade ambiental que, segundo a pesquisadora, minava as possibilidades de enfrentamento positivo dos entrevistados, muitos dos quais se referiam a fechamento em si mesmos, sentimentos de solidão e desamparo, ou a processos de regressão e somatização.

Alguns autores (FURSTENBERG e KIERNAN, 2001; LE BLANC et al., 1995; SUN e LI, 2002; AMBERT, 2005) apontam reações prováveis na criança que vivencia a situação do divórcio dos pais, como: sofrimento psíquico de depressão, ansiedade e outros distúrbios emocionais; problemas comportamentais, incluindo hiperatividade, agressividade e hostilidade; dificuldade na vida escolar, com problemas de aprendizagem e de relacionamento. Quando mais velhos, os filhos tendem a ter reações mais agudas e demoram mais para se adaptar à nova realidade; e ainda os que ficam sob a guarda da mãe são mais suscetíveis ao distanciamento ou perda do contato com o pai (AMATO, 2003).

No que se refere a estudos comparativos entre filhos de famílias divorciadas e famílias originais, a pesquisa de Walsh

(1993) revela que existem mais problemas de ajuste psicológico e social nos filhos de famílias divorciadas do que nos de famílias originais. Contudo, quando se compara a família intacta com as de segunda união, é necessário levar em consideração que na intacta o sistema já está estruturado e a recomposta vive um momento de reorganização. Não é melhor ou pior, mas diferente. Por isso é fundamental estudar as famílias intactas ou divorciadas no seu contexto sociocultural, na sua evolução histórica, singularidade, para compreender a estrutura da segunda união a partir da estrutura anterior do casamento, os aspectos disfuncionais da família anterior e considerar as mudanças a partir de um momento de crise.

O divórcio é certamente uma fonte de estresse, uma transição emocionalmente dolorosa (CHERLIN, 1999; EMERY, 1999) e pode "criar sentimentos persistentes de tristeza, saudade, preocupação e pesar que coexistem com o funcionamento psicológico e social" (KELLY e EMERY, 2003, p. 359), pois as relações são mudadas após o divórcio e têm que ser renegociadas várias vezes ao longo dos anos, e os efeitos são sentidos em várias gerações ao se viver dentro de uma família (CONNIDIS, 2003).

No entanto, diante dessas constatações, é preciso considerar que entre as crianças pesquisadas algumas já tinham situações iguais ou semelhantes antes da separação dos pais, talvez por causa de sua personalidade, da pressão dos pares, de problemas com os pais, ou de conflito interparental e da falta de investimentos parentais (AMBERT, 2005). Todavia, pode-se considerar que, com a separação conjugal dos pais, os filhos tendem a se sentir abandonados, e o que mais os preocupa é a estabilidade e a continuidade dos relacionamentos interpessoais íntimos entre eles e seus pais (TEYBER, 1995).

Assim, a separação e o divórcio podem se destacar como estressores comuns, e uns dos mais dolorosos na vida de um número cada vez maior de crianças e adolescentes, principalmente quando permanecem reeditados nos embates sobre a guarda, pensão e visitas, que tornam todos os membros do sistema familiar reféns crônicos.

Adaptação ou não dos filhos após o divórcio dos pais

A intensa agitação e a desordem familiar com a separação conjugal vão cedendo à adaptação à nova situação, quando os filhos readquirem a confiança nos pais divorciados e a autoestima. Alguns estudos longitudinais (HETHERINGTON, COX e COX, 1982; HETHERINGTON e KELLY, 2003) identificam serem necessários ao menos dois anos para que esses relacionamentos atinjam um novo funcionamento: o sistema familiar e cada um de seus membros atravessarão um período de desorganização logo após o divórcio, seguido de uma recuperação, reorganização e, eventualmente, atingindo um novo padrão de equilíbrio.

As consequências iniciais da separação e do divórcio são mais evidentes durante o primeiro ano, período marcado por um grau elevado de angústia e sofrimento; nas crianças em geral, a tristeza se desmembra em um largo espectro de sentimentos dolorosos: mágoa, abandono, medo do abandono, solidão, saudade e as incertezas relativas à manutenção do vínculo com ambos os progenitores.

No período inicial da separação conjugal, o sentimento de abandono é o conflito primordial, que gera nos filhos mais novos o medo de perder os genitores. Esse medo resulta da limitada noção de tempo das crianças e do pouco desenvolvimento de sua capacidade de raciocínio, bem como decorre dos vínculos com os pais, de quem têm total dependência psicológica e emocional. E para muitos adolescentes e até adultos em crise, a confiança na constância dos relacionamentos continua passível de desmoronar sob o estresse de um intenso conflito emocional. Assim, qualquer filho que vivencia o processo de separação conjugal de seus pais pode apresentar reações adversas nos planos emocional, social e acadêmico, como sintomas transicionais de enfrentamento da crise.

No que se refere à compreensão de como a criança percebe e responde ao divórcio dos seus pais, as conclusões de Schwartz (1992) indicam que se precisa levar em consideração idade, sexo, nível de conflito parental, arranjo de cuidados alternativos, padrão de apego e competência individual, rede de apoio disponível e seu nível de desenvolvimento psíquico.

Com o divórcio, determinadas crianças amadurecem mais cedo, pois recebem responsabilidades adicionais na falta da convivência de um dos progenitores, têm maior independência e, consequentemente, aumenta o seu poder de decisão (MAZUR, 1993).

No entender de Teyber (1995), os adolescentes adaptam-se melhor à ruptura familiar do que as crianças mais jovens; geralmente reagem diminuindo o relacionamento paterno e envolvendo-se mais com seus próprios planos futuros; contudo, muitos se sentem, a princípio, traídos pelo divórcio.

Outros autores (DUCIBELLA, 1995; SOUZA, 1998; WADSBY e SVEDIN, 1994) corroboram essas considerações, demonstrando que ocorre interseção entre o nível de desenvolvimento da criança e sua experiência na separação conjugal dos pais.

Portanto, quando se estuda as crianças após o divórcio, é importante saber como elas eram antes dele. Mesmo assim, os pesquisadores que utilizam uma metodologia longitudinal constataram que, mesmo quando estas características passadas são tidas em conta, ainda havia efeitos especificamente imputáveis ao divórcio (CHERLIN, CHASE-LANSDALE e MCRAE, 1998).

O segundo ponto importante é que essas reações negativas dos "filhos do divórcio" não se aplicam à maioria dessas crianças. O que essas estatísticas revelam é que os filhos de pais divorciados têm um risco maior de desenvolver problemas do que crianças cujos pais permanecem juntos (CHERLIN, 1999). A maioria das crianças que tiveram a experiência de divórcio dos pais tem um nível de sofrimento que, muitas vezes, dura mais de uma década, mas a maioria se articula de maneira adequada e saudável, dentro dos padrões sociais onde ela pertence (LAUMANN-BILLINGS e EMERY, 2000).

Brown (2001) divide em três fases o processo de divórcio: a inicial, que compreende o primeiro ano após a separação, marcada por um período de conflito, confusão e crise – é a fase da ruptura; a segunda se caracteriza por ser uma fase de transição em que as questões econômicas, sociais e extrafamiliares vão sendo reorganizadas entre o segundo e terceiro ano, e até mesmo perdurando por mais anos após a separação – é a fase da adaptação; e, por fim, a fase da estabilização, na qual pode haver uma reorganização do sistema familiar.

Contudo, é importante evidenciar que os efeitos negativos do divórcio são reais e onerosos para as crianças, para os pais e para a sociedade, bem como para o bem-estar e saúde delas (AMBERT, 2005).

Nota-se que a visão do divórcio para os filhos está se tornando, a cada dia, mais comum e aceitável. Essa realidade está presente nos estudos de Mazur (1993), que constatou, através de dados com crianças acima de oito anos, que não existem diferenças entre as opiniões de crianças, com pais divorciados ou não, sobre casamento, divórcio e recasamento.

Embora a separação/divórcio dos cônjuges possa estar associada a consequências negativas para os membros envolvidos, muitas famílias são beneficiadas com esta transição, sobretudo aquelas em que a violência física e/ou verbal era condição preponderante. Em determinados casos a separação/divórcio pode caracterizar-se como uma possibilidade para resgatar ou promover a saúde do sistema familiar.

E também é perfeitamente compreensível que os filhos possam sentir-se muito melhor com os pais separados, ou em novas uniões, do que num casamento infeliz que ocasiona tensões e desconfortos dentro da família (MALDONADO, 1987). Nesse sentido, os filhos nem sempre se sentem aliviados com a decisão do divórcio e a nova união dos pais no momento em que acontecem, pois, para eles, isto significa o fim da estrutura que proporciona apoio e proteção; mas pode acontecer de, com a maturidade na relação, considerarem a separação dos pais como algo necessário (URRIBARRI e URRIBARRI, 1986; WALLESTEIN, 1985).

4. A família em segunda união

A família, desde a sua origem, sofre alterações na sua estrutura e no seu dinamismo pelas mudanças socioculturais, econômicas e religiosas, e do contexto em que se encontra inserida.

Diante das transformações sociais e culturais, em especial no período pós-Segunda Guerra Mundial, mais concretamente após 1950, a família foi influenciada pelas grandes tendências desse período: industrialização e urbanização, transformações estruturais do mercado de trabalho, a presença da mulher no mercado de trabalho, a divisão das responsabilidades nas funções dos papéis sexuais e do casamento, a desvinculação da sexualidade em relação à procriação, os movimentos feministas, políticos e ideológicos e a propagação de valores individualistas e relativistas.[1]

A modernização social introduz os choques que engendram novas formas de sociabilidade, fundadas não mais na experiência herdada do passado, mas nas vivências desencadeadas pela modernização econômica e política; assim, as famílias foram incitadas a alterar seus padrões de consumo e a construir um novo estilo de vida (ROMANELLI, 1986).

Segundo dados da PNAD (PESQUISA NACIONAL POR AMOSTRA DE DOMICÍLIOS), 2008, na sociedade brasileira se convive com grandes mudanças na vida familiar e com diversas formas de configurações familiares. Aspectos como a postergação da nupcialidade, o aumento das famílias monoparentais, a diminuição da disponibilidade de tempo e o

---

[1] Descritas no primeiro capítulo deste livro.

excesso de individualismo geram mudanças nas relações internas das famílias, resultando em laços cada vez mais frágeis e menos solidários.

Os resultados apurados na análise dos indicadores sobre família, a partir dos dados da PNAD 2008, qualificam a consanguinidade como eixo principal de união das pessoas que vivem juntas; 88,1% dos arranjos são de pessoas com parentesco. Destes, 48,2% são do tipo casal com filhos, cujo peso vem se reduzindo devido, principalmente, à queda da fecundidade. Em 1998, este tipo atingia 55,8%, enquanto a proporção do tipo constituído por casal sem filhos cresceu, passando de 13,3% para 16,7%, em 2008.

A família brasileira do século XXI delineia um quadro complexo e multifacetado que merece atenção e análise cuidadosa, a fim de que se possa compreender esta realidade: a união conjugal vai deixando de significar dependência econômica da mulher perante o marido, permitindo que comece a existir maior equilíbrio entre ambos (ROMANELLI, 1986); os membros da família não consideram suficientes o companheirismo e a amizade, mas passam a exigir muito mais do casamento, considerando a sexualidade compensadora indispensável à manutenção do casamento; a busca da igualdade de direitos e deveres vai se instalando de forma complexa e desencadeia inúmeras mudanças, que passam a exigir uma reorganização da dinâmica do relacionamento conjugal e parental, e, por fim, os membros da família aprendem a dividir as tarefas e responsabilidades de casa e da vida familiar de uma nova maneira – a dimensão de complementaridade perpassa a organização familiar.

As pessoas perdem seu modelo orientador, entrando em uma situação nova e ambígua, para a qual não há referências sólidas a seguir; elas deparam-se com segmentos que adotam desde posturas inovadoras até outras com posturas convencionais e resistentes à mudança.

O homem modifica seu papel autoritário e provedor, não conseguindo se adaptar aos novos papéis que dele são esperados, tais como de pai mais acessível aos filhos e marido solidário nos afazeres domésticos. Já a mulher não é capaz de se distanciar de seu papel de esposa e mãe, sentindo-se culpada, quando inserida em carreiras promissoras, por não se dedicar integralmente à casa e aos filhos (BRIOSCHI; TRIGO, 1987).

O contexto generalizado de instabilidade que marca as relações familiares contemporâneas reflete a crescente influência do ideário individualista nas sociedades ocidentais (MARCONDES, 2008; PINELLI, 2002; SILVA e SMART, 2000; MORGAN, 2000; VELHO, 1986).

O contexto social, gerador de mudanças e, portanto, de provisoriedade e incerteza, produz reações diversas, aumentando a possibilidade de diferentes configurações familiares, dentre as quais se incluem o aumento de separações e divórcios e as novas modalidades de famílias.

Casais em segunda união: "nova" modalidade de recomeçar da família

As novas modalidades de família subsistem, perduram e manifestam sua grande capacidade de sobrevivência e adaptação, e não há sinais convincentes da extinção da família; ela assume novas configurações, que, por sua vez, geram também outras formas de sociabilidade (THERBORN, 2006; DONATI, 2005; SILVA e SMART, 2000).

A família existe e sempre mais emerge como a realidade fundamental para o delineamento da identidade humana e social; tanto é verdade que o símbolo da família é dos mais fortes, estáveis e relevantes da vida social, desde o início da história humana até hoje.

Um exemplo atual e concreto da realidade da permanência e vitalidade da família está na situação da separação/divórcio, que é considerada transitória e não é significativa para que as pessoas não se casem novamente. As decepções vividas são consideradas referentes a relacionamentos e a parceiros específicos, e não ao casamento em geral, a ponto de se casarem de novo e de apoiarem outros a se casar.

Segundo Donati (2005), a pluralização dos modelos familiares pode ser entendida como um processo de morfogênese social, por gerar uma nova forma familiar. Um processo de relação, isto é, como relacionalidade circular, fim em si mesma, indefinida, sem vínculo interno e externo, entre elementos que mudam interagindo continuamente entre si. Esse processo é visto como uma forma generalizada estética de mudança: as formas se geram por circularidade potencialmente indefinida de relações que se decompõem e se recompõem sem nenhuma direcionalidade ou lógica prefixada. Na visão da filosofia oriental, é interpretada como a dança de *"Shiva"*, em que tudo muda continuamente, mesmo que a cabeça permaneça fixa (DONATI, 2007).

Outra grande teoria, mais ocidental, concebe a morfogênese como um processo que tem uma dinâmica, descritiva e observável, no tempo, como condicionamento recíproco (interdependência) entre fatores identificáveis, e não casuais, que se movem em uma lógica de vínculos e recursos, e em certo sentido devem corresponder à exigência de manutenção. O processo põe em jogo certa possibilidade, inclusive aquela de elaborar novas formas estáveis no tempo, que se corrigem sob os processos de morfostase por longos períodos.

Seja na primeira teoria, seja na segunda, a morfogênese não só é compatível, mas requer um padrão, um modelo (*pattern*) estrutural, sob o qual, e por referimento a este, assume um sentido a que se pode chamar estrutura latente. No caso da família, coincide com a tríade mãe, pai e filhos.

Uma estrutura familiar é sobreposta às inter-relações dos indivíduos, e se essa interação não reproduz a estrutura inicial, emerge uma nova estrutura que, no curso do tempo, se modificará assumindo formas diferentes.

> É previsível que grande parte das consideradas novas formas de família serão o produto da fragmentação e simplificação das formas de família precedentes: as famílias extensas reduziram o seu número; b) as famílias nucleares romperam em relações mais reduzidas, àquelas de genitor sozinho, casais sem filhos...; c) mais em geral, a família se partirá em subsistemas que pedirão uma legitimação cultural para si (DONATI, 2007, p. 52).

As formas familiares que nascerão da fragmentação de estruturas precedentes deverão mostrar ser capazes de reproduzir-se culturalmente, ou seja, de dar modelos valorativos e normativos condizentes aos outros em linha de princípio generalizado e precisarão ser uniformes e produzir formas vitais. As interações com o mundo externo deverão ser tais que sustentem o impacto com as exigências do mundo circunstante, que, de um lado, pedirá estrutura legal, e, do outro, exigirá também o contrário, ou seja, relações familiares capazes de carregar o fardo de responsabilidades, tarefas, atividades, que requerem uma estrutura de provisão e continência.

É certo que, numa sociedade modernizada, os indivíduos desejam mais liberdade de escolha e interagem segundo a modalidade virtual que modificam sempre mais profundamente as estruturas familiares deixadas pelas gerações precedentes.

É importante observar que as "novas" formas ou chamadas "novas" configurações não devem reduzir a sua origem no individualismo, ou mesmo no relativismo, mas compreendê-las no contexto amplo das transformações societárias e culturais que perpassam e influenciam a sociedade.

Segundo Donati (2007), as novas formas deverão ser valorizadas à luz de três critérios empíricos: a sua vitalidade interna (certas relações serão mais capazes de regenerar-se, outras menos ou mesmo nada); a capacidade de responder às expectativas da sociedade (sobretudo no que concerne à capacidade de socialização, controle e responsabilidade com relação aos filhos, mas também em resguardar a capacidade de sustentar relações de mútua ajuda entre os modelos e entre as gerações próximas); a capacidade de reger os confrontos com as outras formas familiares, por exemplo aquelas trazidas pelos grupos étnicos não ocidentais.

Dentre as "novas"[2] configurações familiares, evidencia-se a segunda união, que é composta de casais em que um ou ambos os parceiros se separaram dos primeiros cônjuges e casaram-se novamente, no civil ou não. Constroem, assim, as famílias em segunda união, em que ambos, ou um dos

---

[2] Aspas porque, Segundo Osório (2003), as famílias em segunda união não são uma situação inédita na história da instituição familiar; passa a sê-lo quando se consideram as peculiaridades próprias de cada estrutura familiar e a abrangência do fenômeno em sua inserção sociocultural.

parceiros, têm filhos da união anterior, e que, muitas vezes, acabam tendo filhos dessa nova união.

As estatísticas do Registro Civil sobre casamentos formais de divorciados no Brasil mostram que desde o início dos anos de 1980 há um aumento constante nas proporções relativas de casamentos. Estas uniões correspondiam a 5% do total de registros de casamentos realizados no ano de 1984, representando 15% do total registrado em 2006 (IBGE, 2007).

Analisando-se os dados e tendo como base que eles fazem referência à situação dos brasileiros há mais de dez anos, e, ainda, que muitas segundas uniões acabam ocorrendo de modo consensual, ou seja, sem qualquer registro ou procedimento legal, pode-se constatar que o número de divorciados que se casam novamente é muito elevado. Acrescido a isso, tem-se o aumento do índice de divórcios, de modo que se pode inferir que, atualmente, as segundas uniões devam ocorrer em números mais elevados do que demonstram os dados estatísticos disponíveis (CANO et al., 2009).

Na sociedade brasileira, segundo o PNAD, os percentuais mais elevados são observados entre homens divorciados que casaram com mulheres solteiras, quando a comparação é feita com mulheres divorciadas que se uniram formalmente com homens solteiros. Esses percentuais passaram de 4,1% para 6,3% e de 1,7% para 3,1%, respectivamente, em 1995 e 2005, e em 2007 para 3,7% (IBGE, 2008).

Os dados estatísticos apontam que os homens divorciados tendem a se casar novamente mais do que as mulheres divorciadas. Segundo Oliveira (1992), três aspectos contribuem negativamente para a ocorrência do recasamento feminino: a idade e a escolaridade das mulheres, a maior exigência feminina por relações mais igualitárias e o fato do elevado percentual de responsabilidade para com a guarda dos filhos menores.

Na sociedade brasileira, segundo as estatísticas do Registro Civil, há a hegemonia das mulheres na guarda dos filhos menores. Em 2008, 88,7% dos divórcios concedidos no Brasil tiveram a responsabilidade pelos filhos concedida às mulheres (IBGE, 2008).

Gráfico – Número de separações judiciais concedidas em primeira instância a casais com filhos menores de idade, com eixo no responsável pela guarda dos filhos menores de idade (Percentual Brasil).

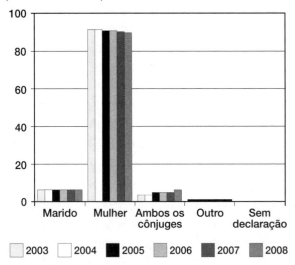

Fonte: IBGE (2008) – Estatísticas do Registro Civil.

A responsabilidade pela guarda, na maioria dos casos, sendo da mulher, pode estar relacionada à forte repercussão do mito do amor materno.

> [...] construído nas relações estabelecidas como qualquer outro amor, e a sua intensidade vai depender de cada relação e de cada pessoa. Assim, o amor materno não é superior ao amor

paterno, nem melhor nem pior, e nem todas as mulheres e nem todos os homens os sentem, e quando os sentem é de forma singular – marcados pelas suas histórias e relações (BADINTER, 1985, p. 17).

Mesmo com o aumento da segunda união conjugal, as novas configurações continuam uma novidade a ser acolhida e estudada. Um aspecto indicativo da novidade das relações e papéis que se estabelecem na segunda união são os termos de parentesco, frequentemente utilizados para indicar as relações criadas pelas famílias em segunda união, que, na maioria das vezes, estão relacionados a termos usuais da família em primeira união, ou a neologismos, ou, ainda, a palavras adaptadas.

Segunda união: dois núcleos familiares

A falta de terminologia adequada para designar essa realidade e a escassa bibliografia sobre tal modalidade de família indicam a dificuldade de pensar as relações familiares fora das categorias de parentesco e aliança criadas a partir da família nuclear. Como todo fenômeno novo, as famílias em segunda união carecem de nomes adequados para identificar a si mesmas e aos seus personagens e evidenciar seus vínculos (UZIEL, 2000).

Dias (1999) refere-se a esse novo arranjo doméstico denominando-o de "famílias recompostas" e mostra o estranhamento com que se vê esse novo tipo de família, a começar pela variedade de nomes para designá-la: "família substituída", "família de recasamento/recasada", "família reconstituída", "família multiparental", "família agregada", "família mista", "família remendada", "reacomodamento familiar", "família ajuntada", "família amigada", "família adotada", "família postiça", "família dos meus, dos seus e dos nossos", "família reciclada", "família de segunda união", "nossa família".

Há um excesso de termos e uma ausência de precisão conceitual para designar essa modalidade de família, bem como os novos personagens e as posições que ocupam em seu interior. Os termos de parentesco frequentemente utilizados para indicar as relações criadas pelas famílias em segunda união estão relacionados a expressões usuais da família em primeira união, ou a neologismos, ou ainda a palavras adaptadas, e apelam preponderantemente para a palavra com o prefixo "re", oriundo do latim, inserindo a ideia de "de novo", repetição, recomeço, reciprocidade e mudança de *status*, como, por exemplo: famílias refeitas, recasadas, reconstituídas, recompostas, reorganizadas.

Este trabalho optou pelo termo segunda união conjugal[3] por ser considerado amplo para classificar a realidade das novas configurações familiares. Para evitar a nomenclatura padrasto, madrasta e enteado, este estudo identificou o termo atual cônjuge, cônjuge do atual marido (pai), ou ainda da atual mulher (mãe), para um dos cônjuges que está numa relação de segunda união conjugal; e para os filhos serão utilizadas as expressões filho(a) do primeiro casamento e filhos da segunda união, para aqueles gerados(as) na segunda união.[4]

---

[3] Essa expressão parece coerente com a forma de conceber as famílias deste estudo, que têm ou tiveram uma participação na Igreja Católica. A utilização dessa nomenclatura no ambiente eclesial parece estar em sintonia e harmonia com o dogma da indissolubilidade matrimonial professado pela Igreja, que não admite um segundo matrimônio, mas que procura mostrar-se aberta e acolher uma segunda união.

[4] Pessoas que se unem pela segunda vez, mas que estão proibidas ou impedidas legalmente de se casar, estão numa situação de "concubinato" ou "mancebia"; a situação de pessoas que se unem pela segunda vez sem que haja impedimentos legais permanentes para se casar é qualificada pela legislação brasileira de "união estável". O

Nessa fase de reorganização familiar e diante da novidade das relações e papéis que se estabelecem na segunda união, as descrições dos papéis domésticos vão se estabelecendo conforme a relação e os vínculos construídos.

Os termos "mulher do pai", "marido da mãe", "mãe do irmão", "pai da irmã", "tio(a)", "namorada do pai" ou "namorado da mãe", ou mesmo "madrasta" e "padrasto" e outros, são expressões intermediárias, ou não, que têm significados e neologismos; ou ainda palavras adaptadas, que no futuro venham a traduzir a relação que, na maioria das vezes, possa expressar, de fato, o tipo e a intensidade da convivência dos membros na família.

No Brasil, resiste-se, embora com menos intensidade, à utilização das nomenclaturas "madrasta", "padrasto", "enteado(a)" para designar os novos papéis da família em segunda união; expressões estas que, comumente, eram empregadas nas situações de morte de um dos cônjuges.

É importante lembrar que as expressões "padrasto" e "madrasta" são termos com significados originais pejorativos, carregando uma questão simbólica de forte conotação negativa presente no imaginário dos contos de fada, que na figura clássica identificam personagens associados à ideia

---

termo utilizado para o descendente em primeiro grau do cônjuge que o gerou na primeira ou segunda união, em qualquer das situações acima mencionadas, é "filho(a)"; o termo utilizado para o filho de casamento anterior em relação ao cônjuge atual de alguém é "enteado(a)", enquanto o termo utilizado, nessa situação, para o cônjuge que não é pai ou mãe é "padrasto" ou "madrasta". Na definição fornecida pelo dicionário *Aurélio* (2008), dos verbetes "madrasta", "padrasto" e "enteado", podem-se encontrar explicações que refletem os estereótipos contidos nessas denominações. O verbete "madrasta" aparece acompanhado de uma significação pejorativa, trazendo três definições: "madrasta [Do lat. *matrasta < lat. mater, 'mãe'.] 1. Mulher casada, em relação aos filhos que o marido teve de matrimônio anterior. 2. Fig. Mãe ou mulher descaroável. [Nessa acepção, é fem. de *padrasto.*] Adjetivo (feminino). 3. Pouco carinhosa; ingrata, má".

de crueldade, ódio, rejeição; estes assombram pela maldade, são intrusos no ambiente doméstico e, normalmente, desempenham a função de dividir e separar o(a) genitor(a) dos filhos(as); e, ainda, são aqueles que semeiam discórdia e brigas entre os membros da família. Basta ler as histórias infantis de Cinderela, Branca de Neve e outras.

A resistência da permanência dos termos "padrasto", "madrasta" e "enteado" por parte dos filhos de pais divorciados e, muitas vezes, dos próprios cônjuges, quando se referem a si mesmos ou à relação que se estabelece na família em segunda união, talvez esteja sinalizando a aspiração de como eles mantêm e compreendem essa dinâmica doméstica.

Segundo Uziel (2000), deve-se considerar que nem sempre os termos e significados estejam associados à realidade onde são utilizados, por isso, a tendência é que os vocábulos "madrasta" e "padrasto" desapareçam do cotidiano familiar, por não traduzirem as relações entre os filhos e os novos cônjuges dos pais.

O álbum de família moderno requer legendas cada vez mais explicativas. Aquele que parece ser o pai é o "padrasto", mas o pai ainda não morreu; a moça com uma criança no colo não é a mãe, mas uma meio-irmã vinda de outro casamento; os três jovens que dividem o mesmo teto são um casal e uma amiga; e aquela que parecia ser a mãe pode ser, na verdade, a namorada dela.

Mesmo com a falta de termos adequados, Coleman, Ganong e Fine (2000) avaliam que houve vários avanços teóricos e metodológicos na literatura publicada ao longo da década de 1990, principalmente no campo da psicologia e do direito, no que se refere aos processos, relações e concepções sociais das novas configurações familiares, à realidade dos filhos que vivem com um padrasto ou madrasta, e às questões jurídicas.

As famílias em segunda união, como todas as outras formas de família, experimentam alegrias e tristezas, problemas e esperanças, tensões e realizações, entretanto, elas são formadas por estrutura e dinâmica diferentes e mais complexas, por se constituírem após o divórcio de um casamento anterior e por darem origem a grupos domésticos cujos membros têm diferentes expectativas, concepções de vida e padrões de comportamento dos de primeira união (PORRECA, 2010).

Para os casais em segunda união é um desafio árduo acolher e vivenciar a situação da segunda união como segunda união e não como primeira, integrando a história e se adaptando às novas realidades. Isso não significa categorizar ou julgar a moralidade de cada família, mas assumir e experienciar a realidade em que está inserida a vida familiar.

A família em segunda união será sempre uma família de segunda união, e não de primeira, pois traz a formação e vivência de dois núcleos distintos e integrados. A experiência e constituição da primeira família não se apagam na formação e vivência de uma segunda união.

Como a história não se apaga ou não se esquece, mas se ressignifica, mesmo que os casais desejem, a segunda união não será um recomeço a partir de um nada vivido, porém terá sempre a experiência e os membros familiares da primeira união.

As famílias em segunda união têm por característica fundamental a permeabilidade das fronteiras do lar reconstituído, o que abala mais a tentativa dos casais e filhos para manterem uma família com os moldes e a estrutura de uma da primeira união. De fato, as famílias recompostas impõem um desafio: não se trata de ocupar lugares, mas de inventá-los (UZIEL, 2000).

Compreende-se que não deve haver uma sobreposição de papéis, isto é, nenhum membro da família ocupa a posição do outro, mas sim construir lugares próprios para os novos membros da família. Como descreve Théry (2001): "Não se trata de criar um modelo de boa composição familiar, mas de definir indicadores diante da nova situação decorrente da precariedade conjugal na sociedade onde vivemos" (p. 101).

Na pesquisa (PORRECA, 2004), os casais entrevistados expressaram que, apesar das dificuldades e sofrimentos que passaram no primeiro casamento e com a separação, perdura-se o desejo de dar início a uma nova união, de recomeçar, de formar uma nova família, de ter alguém para manter um relacionamento estável. De fato, preferiam viver juntos a viver sozinhos. Por outro lado, também expressaram receio de se envolver em uma relação mais séria e comprometedora, que poderia tornar-se problemática, devido à experiência negativa que vivenciaram.

Buscar novas uniões pode ser entendido como um desejo dos casais de suprir uma falta real que pede reparação ou compensação, que elimine o sofrimento do que é considerado como fracasso do primeiro casamento e que possibilite a conquista da felicidade. É a chance de começar de novo. O importante não é tanto o que se foi e se viveu de mágoas, tristezas, discussões, mas como os casais dão novo sentido àquilo que vivenciaram no aqui e agora da história.

No desafio de recomeçar, os casais, normalmente, consideram que as novas uniões, concomitantemente com os sofrimentos e as tristezas, tiveram amadurecimento e maior tolerância nos relacionamentos, bem como desenvolveram mais e melhor a paternidade, a educação dos filhos e a manutenção da vida conjugal, exercendo-as com maior flexibilidade diante das dificuldades cotidianas (PORRECA, 2010; THÉRY, 2001).

Na segunda união, o casar novamente conduz os membros da família à reorganização da sua vida afetiva, social, profissional e sexual. Não é uma repetição da relação anterior, mas a construção de uma forma relacional nova que agora se dá em dois núcleos parentais, como tentativa de reconstruir as relações rompidas, devido a fatores relativos às experiências prévias de vida matrimonial dos cônjuges e, principalmente, à necessidade de harmonizar visões educacionais de filhos já existentes e a interferência dos ex-cônjuges sobre os respectivos filhos (HACKNER, WAGNER e GRZYBOWSKI 2006; PORRECA, 2010, 2004; WAGNER, FALCKE e MEZA, 1997; MALDONADO, 1995; COSTA, PENSO e FÉRES-CARNEIRO, 1992).

Na nova configuração, a complexidade do relacionamento é maior, já que o sujeito perde sua orientação social convivendo com dois modelos simbólicos diferentes: o tradicional, que ainda não deixou de existir completamente, e o alternativo, que ainda não foi internalizado de maneira completa (NICOLACI-DA-COSTA, 1985).

Diferentemente, as novas configurações, em particular a segunda união, envolvem, teoricamente, o estabelecimento de uma rede complexa de relações de parentesco e aliança, podendo ocorrer aproximação e/ou afastamento da família materna e paterna, afastamento de amigos do pai e/ou da mãe, e perda de amigos; inúmeras perdas, o que gera alterações na rotina diária, tanto das crianças, quanto dos adultos.

5. Os filhos na segunda união dos pais

Sociólogos e demógrafos reconhecem que os filhos são o centro de gravidade das relações das famílias em segunda união (VAZ, 2008; MARCONDES, 2008; POITTEVIN, 2006). Os relatos dos casais em segunda união, participantes na pesquisa elaborada por PORRECA (2004), também tiveram como uma das maiores preocupações, ao se casarem novamente, ao lado do sucesso ou não da nova união, a aceitação dos filhos à nova realidade familiar.

Nas famílias em segunda união, os filhos são um elemento muito presente nas inquietações dos casais, pois são eles que lhes definem a extensão e os limites (PORRECA, 2004; UZIEL, 2000), através da aprovação ou desaprovação clara ou sutil do novo casamento. Podemos entender esta situação como consequência da visão contemporânea, em que os filhos assumem para os pais a preocupação principal e o sentido de sua função cuidadora (CALDANA, 1998).

As segundas uniões geram o que se denomina "pluriparentalidade", na qual outros adultos que não os pais biológicos convivem com uma criança, frequentemente ficando responsáveis por parte de seus cuidados; desafia-se, assim, a primazia do parentesco biológico, que, como vínculo natural entre pais e filhos, tem sido considerado o mais importante para estabelecer a parentalidade (UZIEL, 2000).

Com o namoro dos pais e, posteriormente, uma segunda união, os filhos se deparam com novos relacionamentos familiares, que podem gerar experiências de rompimento e perda, com um sentimento inicial de medo e tristeza.

Os filhos têm medo de perder o pai ou mãe para o novo cônjuge; eles já sofreram perdas e ficam mais sensíveis à perspectiva de novas perdas. Por isso, tentam manter seus pais só para si e são relutantes em abrir mão de qualquer parcela de afeto e atenção, demonstrando sentimentos de ciúme, competitividade e rejeição para com o novo cônjuge. A situação se agrava quando a criança fica dividida, à medida que gosta do parceiro de um dos pais, podendo suscitar sensações de estar traindo o outro (BARBER e LYONS, 1994; CARTER e MCGOLDRICK, 1995; MALDONADO, 1987; TEYBER, 1995).

É de esperar também a tristeza dos filhos, em especial os de mais idade, com a nova união dos pais; normalmente, apresentam-se muito frios e distantes com o "substituto" de seu genitor, pois, do ponto de vista da criança, o novo casamento de um dos pais impediria a reconciliação dos pais biológicos e a volta do sistema familiar anterior, uma declaração de que não se terá volta à vida familiar.

A chegada do novo cônjuge na família é sentida como um impacto, mesmo por aqueles que consideraram o divórcio necessário para os pais. Essa realidade pode ser entendida como um ponto final para as desejadas esperanças de uma possível e diferente reconciliação dos pais e recomeço da dinâmica familiar anterior (WALLERSTEIN, LEWIS e BLAKESLEE, 2002).

Filhos e o novo membro na família em segunda união

Estudos com crianças e adolescentes de pais em segunda união apontam que permanecia neles, por longo tempo após a segunda união dos pais, a expectativa de que estes se reconciliassem e retomassem o casamento anterior (BRITO, 2006; PORRECA, 2004; RAMIRES, 2004; WALLERSTEIN, LEWIS e BLAKESLEE, 2002).

Pode até mesmo acontecer que os filhos, consciente ou inconscientemente, diante da impossibilidade do retorno ao sistema familiar anterior pela presença de um novo cônjuge de seus pais, tenham tendência em interferir de forma sutil ou não no novo relacionamento, expressando hostilidade e rejeição à chegada e convivência do novo parceiro(a).

A entrada de novos membros na família torna as relações mais complexas e provoca mudanças nas relações interpessoais, fazendo com que os núcleos passem a ter dinâmicas de funcionamento diferentes daquelas que tinham antes. A forte delimitação das fronteiras da intimidade conjugal, junto com o surgimento de uma figura parental "adicional", frequentemente, traz diversos problemas de limite entre pais e filhos, bem como de filhos com outros filhos, porque não há normas para a divisão das tarefas de paternagem entre estes e os pais biológicos (WAGNER e FÉRES-CARNEIRO, 2000; BROWN, GREEN e DRUCKMAN, 1990, *apud* WAGNER et al., 1999, p. 103).[1]

A integração dos novos membros na família em segunda união (o atual cônjuge do pai ou da mãe, com seus respectivos filhos ou mesmo filhos gerados na nova união) é complexa e a incorporação se dá aos poucos na nova estrutura e dinâmica familiar, não sem conflitos e tensões.

---

[1] BROWN, A. C.; GREEN, R.; DRUCKMAN, J. A. A comparison of stepfamilies with and without child-focused problems. *American Orthopsychiatric Association*, v. 60, n. 4, pp. 556-566, 1990.

Os membros da família em segunda união trazem consigo os padrões de comportamento que cultivaram na primeira união, o que pode gerar expectativas da atuação dos papéis conjugais e parentais na nova família e, ainda, uma tendência que estruture as relações a partir do modelo de relação conjugal e parental que vivenciaram anteriormente.

As famílias em segunda união têm por característica fundamental a permeabilidade das fronteiras domésticas reconstituídas; o que abala mais os membros da família é a tentativa dos casais e filhos de viverem com os moldes e a estrutura de uma família em primeira união.

Quando o ideário do modelo nuclear prevalece totalmente na dinâmica familiar em segunda união, a realidade da família é ainda mais conflituosa. Um grande número de adultos tenta reproduzir, no segundo casamento, o estilo tradicional nuclear de família, do qual se pode até chegar perto, quando os filhos são pequenos; mas quando eles são mais velhos, as tentativas iniciais de dividir o papel parental com o novo parceiro geram conflitos e rejeição.

Procurar moldar a nova família a partir do modelo de uma primeira união favorece, também, a eliminação de vinculação com o ex-cônjuge e sua rede de parentesco, substituindo-a pela rede do novo parceiro, podendo privar ou colocar obstáculos para que os filhos residentes convivam com o genitor não residente.

Segundo SOARES (2009), existe uma resistência dos filhos em receber o novo cônjuge de um dos pais, que também pode ser compreendida pelos acontecimentos vividos no período entre o divórcio e o recasamento. Neste intervalo de tempo, por vezes, os filhos tiveram relações mais próximas com os pais e obtiveram exclusividade de atenção, cuidado e zelo de cada um deles, quando os laços puderam ser estreitados. Os filhos temem que, com a entrada de uma nova pessoa no círculo familiar, ocorra o afastamento de um dos pais, e o que de fato pode acontecer.

Palermo (2007) afirma que, quanto menor a idade do(a) filho(a) do atual parceiro(a), maior probabilidade terá o novo cônjuge para aproximar-se da criança, já que a relação se constrói vinculada às lembranças de infância. E outro facilitador está no fato de a criança ter pouca ou nenhuma memória dos pais juntos.

No caso dos filhos adolescentes, as dificuldades de relacionamento serão maiores, como decorrência das características inerentes à própria etapa do desenvolvimento, na qual costumam desafiar os pais e, consequentemente, seus companheiros também.

Segundo Aberastury e Knobel (1992), a adolescência pode ser caracterizada como um período de transição entre a puberdade e o estado adulto desenvolvido (variando de sociedade para sociedade). Nesse processo de transição, o adolescente, normalmente, reformula os conceitos que tem a respeito de si mesmo e dos outros, o que o leva a abandonar sua autoimagem infantil e projetar-se no futuro de sua vida adulta.

No universo de perdas e ganhos relacionados às separações (lutos, corpo infantil, pais do tempo da infância, insegurança), o adolescente passa por uma fase de crise de instabilidade e desequilíbrio físico-psiquicossocial, próprios do período de adolescência, marcado por lutas e rebeliões externas, que nada mais são do que reflexo dos conflitos de dependência infantil que ainda persistem, obrigando à defensiva, de caráter psicopático, fóbico ou contrafóbico, maníaco ou esquizoparanoide, conforme o indivíduo e o meio (ABERASTURY e KNOBEL, 1992).

Com essa visão do período de adolescência, no qual se exteriorizam os conflitos dos adolescentes de acordo com a sua estrutura e suas experiências, entende-se por que é bem mais difícil para filhos e pais se integrarem, ainda mais quando os pais destes estão em contínuo conflito e tensões, gerados pelo divórcio e pela segunda união.

À medida que as famílias em segunda união tiverem clara a Síndrome Normal da Adolescência[2] (ABERASTURY e KNOBEL, 1992) e puderem comunicar-se com os filhos de forma madura e afetiva, garantindo um relacionamento menos conflituoso com os ex-cônjuges e mais integrado com o atual parceiro(a), o adolescente elaborará, com mais segurança, os seus lutos e conviverá com seu mundo interno mais fortificado; então, esta "normal anormalidade" será menos conturbada e perturbadora.

Contudo, não se deve esperar, principalmente dos filhos maiores, que eles fiquem felizes com a nova união: normalmente são muito frios com o "substituto" de seu genitor, pois, do ponto de vista da criança, o novo casamento de um dos pais impede a reconciliação dos pais biológicos. Esta situação gera conflitos entre os adultos, que passam a competir por seu espaço junto aos filhos, podendo também despertar crises de lealdade nas crianças com relação ao pai não convivente.

---

[2] A Síndrome da Adolescência Normal (SNA) é um conjunto de "sintomas" característicos da fase da adolescência, que, embora se apresente como universal, possui muitas peculiaridades, conforme o ambiente sociocultural do indivíduo, não sendo possível estabelecer seu início e término precisos, acreditando-se, todavia, que culmina com o estabelecimento da identidade pessoal (KNOBEL, 1989).

O conflito de lealdade pode estar sempre presente na nova relação familiar, impossibilitando, em muitas ocasiões, bons relacionamentos familiares. Eles serão particularmente intensos quando os pais biológicos não se dão bem, pois os filhos precisam resguardar e proteger aspectos de seu relacionamento com o seu genitor (WAGNER e SARRIERA, 1999).

Quando os pais se separam/divorciam, normalmente é a mãe que detém a guarda dos filhos; os pais tendem a desvincular-se rapidamente da família anterior e reduzir cada vez mais o contato com os filhos, estando mais presente nos dois primeiros anos após a separação, mas, com o passar dos anos, geralmente o contato vai se espaçando, principalmente quando eles se casam de novo e têm outros filhos.

Quanto menor for a idade da criança no momento da ruptura, maiores as chances desse contato se extinguir por completo, tendendo a se eximir mais facilmente de qualquer responsabilidade com os filhos, gerando uma instabilidade e fragilidade financeira.

Essa situação é ainda mais agravada quando o pai deixa de cumprir suas obrigações, em especial a financeira, negligenciando a educação dos filhos. As mães, por sua vez, são oprimidas pelas assoberbantes exigências do cuidado com os filhos, acumulando papéis e sobrecarregando-se de questões pessoais e financeiras.

Embora a criança ainda permaneça boa parte de seu desenvolvimento em companhia apenas da mãe, observa-se, na sociedade brasileira, que a realidade de pais divorciados e seus filhos biológicos está se modificando.

Os papéis masculinos tradicionais, que não preparam o homem para cuidar dos filhos, talvez ligado ao ideal da divisão sexual do trabalho pautado na complementaridade entre o provedor e a dona de casa no cuidado da prole, estão se modificando pela visão contemporânea de paternidade, que integra mais o pai na intimidade da família, tornando-o mais afetivo e presente, a ponto de sentir-se culpado por ter "abandonado" os filhos, visto que a guarda deles ainda tende a permanecer com a mãe (MARCONDES, 2008).

A paternidade contemporânea valida os sentimentos e confronta-se com as antigas exigências machistas. Os pais buscam exercer sua paternidade com mais ternura, amabilidade e conversa (GOMES e RESENDE, 2004).

Na segunda união, a criação dos filhos do atual cônjuge é, muitas vezes, distante e ambígua; o novo integrante da família participa nas tarefas de paternagem de modo conflituoso e está mais voltado para a manutenção de uma relação cordial e mais superficial com a finalidade de agradar o cônjuge. Um dos pontos principais para justificar sua falta de envolvimento reside no fato de não serem seus filhos biológicos, já que os pais tenderiam a cuidar e a se sentir mais responsáveis pelos próprios filhos, e por não terem autoridade sobre eles, o que mostra a importância do parentesco consanguíneo nas famílias em segunda união (RIBEIRO, 2005; PORRECA, 2003; DIAS, 1999).

No que se refere ao cônjuge homem, este tende, desde o início da relação, a investir mais na proximidade com os filhos do cônjuge mulher, adotando estratégias que, ao longo da convivência da família em segunda união, reafirme os laços domésticos, tornando-os mais duradouros. Contudo, em alguns casos o investimento só é feito no início da vida familiar em comum e vai se deteriorando com o passar do tempo (MARCONDES, 2008; RIBEIRO, 2005; TRAVIS, 2003;

COLEMAN e GANONG E FINE, 2000; WAGNER e FALCKE, 2000; BRUN, 1999).

As mulheres, segundo Wagner e Falcke (2000), tenderiam a investir menos no relacionamento com os filhos do atual cônjuge, cabendo quase sempre à mãe biológica intermediar a relação do companheiro com os filhos de sua união anterior; e, de acordo com Romanelli (1995a), a mãe retoma a função tradicional feminina de manter o equilíbrio na família.

Nas relações entre os atuais cônjuges e os filhos da primeira união, existe um consenso nas pesquisas de que tal convivência provoca maior desgaste no relacionamento familiar, pela complexidade e grande possibilidade de gerar situações de tensão e conflito, ora por não se saber definir com precisão o papel desempenhado, ora por ocorrerem disputas e ciúme (RIBEIRO, 2005; TRAVIS, 2003; PORRECA, 2004; MARCONDES, 2002; WAGNER et al., 1999).

No entanto, as crianças e os adolescentes atualmente podem, em função das modificações familiares com a segunda união dos pais, conviver de maneira muito inusitada com os novos relacionamentos. Souza e Ramires (2006) argumentam que, em função da nova união, os filhos passam a conceber a família de outras formas, algumas vezes incluindo meios-irmãos, outras vezes considerando apenas a família nuclear, segundo uma vasta possibilidade de rearranjos.

Na pesquisa com representação gráfica da família em segunda união (reconstituídas), realizada por Wagner e Féres-Carneiro (2000), foram observados que 45,7% dos participantes desenharam os membros que coabitavam no momento atual, considerando os novos membros da família. As autoras concluíram que coabitação, consanguinidade e tempo de recasamento podem influenciar diretamente na definição dos núcleos recasados.

Os filhos de pais em segunda união podem enfrentar trocas de papéis na dinâmica familiar, tornando-se, por exemplo, responsáveis pelos pais devido à fragilidade destes. No momento em que os pais permitem que os filhos decidam algo que seria de sua responsabilidade ou solicitam deles uma atitude que não é própria de filhos, devido aos condicionamentos que estes enfrentam, como idade, posição familiar, imaturidade e outros, estaria acontecendo uma inversão de papéis, conduzindo ao questionamento sobre o cuidado fornecido aos filhos no pós-divórcio e recasamento (BRITO, 2007; WALLERSTEIN e KELLY, 1998).

Na pesquisa realizada por Wallerstein e Kelly (1998), os filhos que enfrentaram trocas de papéis percebiam sua infância ou adolescência encurtada pela situação estabelecida por seus pais no pós-divórcio. Consideram, no entanto, que amadureceram e se prepararam melhor para enfrentar as situações difíceis da vida.

Nas configurações familiares de segunda união, uma particularidade interfere no relacionamento dos membros da nova família: a obrigação de manejarem as necessidades conjugais com a demanda familiar, pois assumem uma responsabilidade parental antes mesmo que se crie um vínculo emocional. Diferentemente daqueles que se unem sem filhos, este novo casal, quase sempre, não dispõe de tempo para um investimento na relação a dois para o planejamento de filhos, nem para debates sobre normas de educação. Todos estes ajustes, que em casais sem filhos ocorrem de forma gradual, serão realizados com a situação já instaurada (GRISARD FILHO, 2003; MCGOLDRICK e CARTER, 1995).

Quando ambos os cônjuges têm filhos de relacionamentos anteriores, podem se formar, no contexto doméstico, subgrupos com regras distintas e conflitos fraternais, tornando mais difícil a construção de uma unidade familiar, pois a utilização de regras para os filhos do cônjuge e os seus vão além da implantação de normas (SOARES, 2009).

Diferentemente das famílias em primeira união, onde os filhos, geralmente, mantêm uma relação de competição e rivalidade com os pais, em famílias de segunda união, o coleguismo, a cooperação e a "boa vizinhança", não sem tensões, estão mais presentes na convivência doméstica, como forma de manutenção do relacionamento cordial e convivência menos conflituosa, talvez pelo comportamento diferenciado, idades semelhantes e pela solidariedade situacional. Mas com os filhos gerados na nova união dos seus pais já se estabelece uma convivência mais fraternal e cuidadosa, talvez pelo fato de serem mais novos em idade e terem vínculo direto com um dos pais.

Pode acontecer que da nova relação conjugal sejam gerados filhos, pois o casal pode revelar o desejo de ter ao menos um filho na nova união, com o objetivo, talvez, de complementar e fortalecer a união. Ter filhos com a(o) companheira(o) parece significar a possibilidade de construção de uma nova família, de manter uma continuidade que foi rompida com a separação. A gravidez tende a acontecer logo após o início do relacionamento conjugal, muitas vezes devido à idade do casal e, geralmente, ao desejo da parte do cônjuge que não teve filhos na primeira união. A chegada de um novo irmão no núcleo familiar pode provocar sentimentos de ciúme e de abandono nos filhos, independentemente do formato familiar. No entanto, esta situação envolve relações mais diversificadas (SOARES, 2009; LEONE e HINDE, 2007;

PORRECA, 2004; STEWART, 2002; TOLEMON, 2001; BRAY e BERGER, 1993).

> A criança nascida no recasamento é muito especial. Ela tem um grande potencial de promover a união tão esperada [...] Ela desenha o perfil desta família pela primeira vez, este traçado vai mobilizando os sentimentos de todos [...] Mas, ocupando a posição de "unificadora do lar", ela quase sempre carrega uma pesada carga de responsabilidades [...] vai tornar aquele núcleo familiar legítimo (BRUN, 1999, p. 60).

Uma situação que merece ser considerada é que, após uma nova relação conjugal ser estabelecida e os filhos conseguirem vincular-se afetivamente ao novo integrante, estes podem sofrer com a ocorrência de uma nova ruptura decorrente da separação de seu pai/mãe do segundo cônjuge, revivendo todo o processo anteriormente experimentado.

> [...] embora as crianças se sentissem tranquilizadas pelo recasamento da mãe e pela presença confortadora de dois adultos na casa, elas também tinham medo de que ambos brigassem. O novo casamento as fazia lembrar da experiência anterior, e elas contavam como se fechavam ansiosas em seus quartos ou choravam à noite quando o novo casal brigava. (WALLERSTEIN e KELLY, 1998, p. 321).

Segundo constatam alguns pesquisadores (BRAY e BERGER, 1993; TOULEMON, 1995), a taxa de divórcio para os segundos casamentos é tão elevada quanto a dos primeiros casamentos. Em média, as segundas uniões durariam cerca de cinco anos (BRAY e BERGER, 1993). Isto significa que há grandes chances de os filhos que vivenciaram a segunda união dos pais enfrentarem outras separações e a formação de outras famílias.

Embora haja um consenso na produção científica no que diz respeito ao caráter extremamente conflituoso e ambíguo das relações entre os novos cônjuges, filhos, filhos do cônjuge e ex-parceiros (MARCONDES, 2008), que interferem e estimulam prejuízos no desenvolvimento e comportamento escolar, social e familiar de uma criança, é preciso levar em conta que a visão dos filhos sobre a segunda união dos pais, como no divórcio, diferencia-se de pessoa para pessoa e de realidade familiar para realidade familiar, e está muito relacionada à idade, ao sexo, ao nível de desenvolvimento psíquico, à maturidade emocional, ao padrão de apego dos membros da família, bem como ao tempo de união do casal, à cultura familiar, às experiências anteriores dos cônjuges, ao nível de conflito parental, às redes de apoio e cuidados alternativos e familiares, das seleções, negociações e redefinições de papéis e funções domésticas (MARCONDES, 2008; PORRECA, 2004; AMATO, 2003; SOUZA, 2002; STEWART, 2002; THOMPSON e LI, 2002; WAGNER e FÉRES-CARNEIRO, 2000; TOULEMON, 1995; BRAY e BERGER, 1993; MIRANDA-RIBEIRO, 1993; SCHWARTZ, 1992).

Sobre a temática dos filhos na família em segunda união, algumas pesquisas (MARCONDES, 2008; COLEMAN, GANONG e FINE, 2000) avaliam que a literatura tem dois modelos para compreender os significados desse assunto: o primeiro trata da relação entre parceiros e enteados como uma tarefa conflituosa e estressante para crianças e adultos, gerando dificuldades e problemas emocionais e sociais para os membros das famílias desse novo arranjo. Outra linha de compreensão – e que acarreta baixo envolvimento com os filhos – se refere às perdas e/ou mudanças econômicas e de estilo de vida que geralmente acontecem para as famílias após a ruptura da primeira união.

Ambas as compreensões dizem respeito à falta de normas familiares e sociais definidas para os papéis e relacionamentos entre os membros da família em segunda união, que podem aumentar o nível de conflito, tensão, estresses e sofrimentos. Os adultos e as crianças se sentem inseguros sobre as expectativas e o tipo de comportamento que devem adotar para resolver problemas da nova convivência familiar (RIBEIRO, 2005; TRAVIS, 2003).

No entanto, quando as normas e os valores são claramente expostos e sistematicamente aplicados, possibilitam a adaptação dos filhos à desafiante situação. O passar do tempo e a garantia de qualidade de relacionamento e cuidado dispensado pela figura parental com quem mora, junto com a assiduidade e a qualidade de relacionamento com a figura parental com quem não mora, permitem à criança diferenciar o conflito conjugal do relacionamento consigo, controlando o medo da rejeição e de abandono (SOUZA, 2000).

Adaptabilidade ou não dos filhos na segunda união dos pais

Na separação e segunda união dos pais, o grande problema para os filhos e, talvez, para os pais, é a falta de comunicação clara, verdadeira e afetuosa sobre a separação e o recasamento. As crianças não perguntam e os pais concluem que está tudo bem. Os filhos ficam confusos e, tentando proteger os pais e/ou a si mesmos, acabam comunicando o sofrimento e a tristeza através de sintomas.

Por isso, as informações que os pais fornecem aos filhos sobre a separação conjugal e o recasamento são fundamentais para o processo de reorganização da vida familiar, sendo também importante fazê-los conhecer quais os focos possíveis de estresses, antecipando as possíveis mudanças na rotina de vida familiar e as defasagens entre expectativas e consequências previsíveis, procurando, ademais, prever e explicar as mudanças imaginadas e reais no cotidiano como inevitáveis, para não gerar uma situação grave de imprevisibilidade ambiental. Dessa forma, os filhos podem enfrentar com muito mais facilidade todo o processo de divórcio, pois são informados de antemão sobre o que devem esperar (HETHERINGTON; KELLY, 2003; SOUZA, 2000).

Soares (2009) considera nos seus estudos que o casal conjugal se desfaz com o divórcio, mas a parentalidade permanece. Um grande desafio para os novos cônjuges, bem como para os filhos desses, está em buscar construir vínculos afetivos, estabelecendo o parentesco por afinidade, com a consciência de que não existe um único modo saudável de família. Cada formato familiar apresenta suas próprias dificuldades e desafios, que serão solucionados diferentemente. A autora chega a considerar que a família em segunda união não é melhor nem pior do que a denominada nuclear ou intacta, mas apenas diferente, e que estas particularidades não devem ser negligenciadas pelos profissionais que lidam com tais famílias.

São muitas as contradições encontradas na literatura específica no que se refere à realidade das novas configurações familiares. Wallerstein e Kelly (1998), por exemplo, afirmam que uma boa integração dos filhos no recasamento de um dos pais dependerá da forma como o ex-casal vai lidar inicialmente com o divórcio, com as necessidades dos filhos e com as batalhas pós-divórcio. De fato, a maneira como os pais conduzem essa passagem refletirá numa maior ou menor aceitação, pelos filhos, da nova configuração familiar.

Segundo Wagner (2000), o ajustamento à nova realidade é gradual e evolutiva, dependendo de vários fatores, como: idade dos membros, nível de acolhimento, rito de passagem, ritmo dos membros da família, tolerância e adequação ao novo.

Alguns estudos têm demonstrado que a adaptação e a reorganização dos filhos à nova configuração familiar pode variar entre dois a seis anos (DAHL et al., 1987; WAGNER, 2000; SOUZA, 2000; SOARES, 2009), sendo possível a redução dos conflitos e o estabelecimento de uma relação positiva entre os pais, com a compreensão das consequências da separação em suas vidas e das novas relações conjugais paternas.

Mas, por outro lado, podem, segundo pesquisa de Souza (2000), perpetuar os conflitos por um prolongado tempo, por causa do sistema de guarda, pensão e visitas, pela superproteção materna ou da família extensa, e, do mesmo modo, pelas novas relações conjugais dos pais. A autora reflete que os novos parceiros parentais podem tanto ser considerados sob o aspecto positivo como negativo.

Contudo, a adaptação dependerá das inúmeras situações envolvidas, como: a idade dos filhos do primeiro casamento, o tempo decorrido entre o divórcio e o casamento, o grau de conflito existente entre os pais, a existência ou não de filhos de casamento anterior do novo cônjuge e outras. A adaptação e a reorganização às mudanças na estrutura e dinâmica na nova configuração familiar dependerão muito mais dos pais do que dos filhos.

Os membros da família em segunda união requerem um período para estabelecer e se adaptarem às fronteiras dos papéis dos membros dos novos núcleos, tanto daquele que se formou como do anterior. Principalmente para os filhos, que sofrem com mudanças de moradia, de cidade, de escola, de transporte escolar, enfim, mudanças na rotina diária, e, ainda, mudanças nos relacionamentos – com os pais e com os irmãos.

A qualidade da relação entre os cônjuges na segunda união, bem como toda a estrutura social e cultural, indicará a felicidade familiar (BERNSTEIN, 2002). Daí a necessidade de estabelecer vínculos de intimidade através da comunicação e afetividade entre os membros da nova família.

Nesse cenário de família em segunda união, é preciso se precaver, para não reduzir nessa realidade complexa uma ideia limitada e condicionada do que é melhor ou pior para os filhos, quando estes enfrentam a separação e/ou segunda união de seus pais, pois essa atitude indicaria ignorar a complexidade da interação familiar; os fatores que estão em jogo são tantos e tão diversos que simplificá-los, por meio da utilização de uma lógica dicotômica, impede a reflexão dos desdobramentos e modos de condução da família (MARCONDES, 2008).

6. A influência da religião na família

Diante das transformações que passa a família, outro fator que merece destaque para este estudo, e continua a influenciar a estrutura e a dinâmica da família brasileira, é a matriz religiosa cristã europeia. Mesmo com o declínio do modelo patriarcal e dos controles religiosos tradicionais, os membros das famílias consideram-se atrelados ao religioso e de alguma forma lidam com a religiosidade.

As religiões cristãs, com suas diversas e multifacetadas crenças e valores religiosos, influenciam os comportamentos dos brasileiros em diferentes áreas da vida cotidiana (RIBEIRO, 1997).

Villa, Del Prette e Del Prette (2007), estudando a influência da religião sobre questões de família e casamento, considerando alguns pesquisadores em Psicologia (WEAVER, KOENIG e LARSON, 1997; THORNTON, AXINN e HILL, 1992), descrevem que, pelo fato de a religião cristã ter princípios favoráveis ao casamento e à família, os seus adeptos seguem, parcialmente ou na sua totalidade, as suas regras; portanto, quanto maior o nível religioso, mais casamentos registrados acontecem.

Mesmo que o número de casamentos na igreja na sociedade brasileira esteja cada vez mais reduzido em relação ao aumento das uniões consensuais,[1] o evento religioso ainda

---

[1] Comparando os resultados dos censos (IBGE) de 1980, 1991 e 2000, percebe-se que a categoria do casamento civil/religioso sofreu sucessivas quedas, passando de 63,9%,

permanece associado ao imaginário coletivo e às aspirações afetivas das pessoas, muitas vezes, relacionado aos contos de telenovelas, contos de fadas, aos sonhos de infância, tradição; os casais anseiam pelo ato religioso.

Segundo Barbosa (1999), há uma associação entre envolvimento religioso e redução de comportamento de risco para o casamento. Os casais com dimensão religiosa têm expectativas positivas com relação a família, ajustamento e satisfação conjugais, minimização de conflitos e aumento da tolerância. A relação entre religião e família recupera uma possibilidade de o homem contemporâneo reencontrar os significados que viabilizam a construção de sua identidade, em meio à dicotomia entre as esferas pública e privada provocada pela modernidade. A autora anteriormente citada ainda esclarece essa sua descrição com o dizer de Machado (1996, p. 32):

> [...] a religião e a família (grupo onde os valores religiosos são ratificados) funcionariam como uma espécie de mecanismo de equilíbrio, oferecendo ao indivíduo uma ordem integradora e cheia de significados para a sua vida em sociedade.

A religião tem sido ao longo dos tempos uma poderosa força norteadora dos valores da família e da sociedade. Ela influencia expectativas, modela comportamentos, altera desejos e frustrações, como também ensina como se relacionar com o mundo (PRANDI, 1997). Dentro desse espaço religioso

---

em 1980, para 58,3%, em 1991, decaindo para seu menor percentual, 49,4%, no ano 2000. Este fator se deve, sem dúvida, ao aumento, também sucessivo, da categoria da união consensual, a qual em 1980 correspondia a 11,7%, passando para 18,5% em 1991, até alcançar 28,6% em 2000; percentual superior à soma das demais categorias no mesmo período. Fonte: <http://www.webartigos.com/articles/10194/1/Civil-Religioso-Consensual-Projecoes-e-Variantes-do-Casamento-no-Brasil/pagina1.html#ixzz1FkKn7Biv>.

a Igreja Católica tem uma atuação marcante na realidade social brasileira, que realiza grandes esforços, utilizando-se de seus recursos próprios para conscientizar e difundir o valor da família, como instituição sagrada.

> Põe-se assim a toda a Igreja o dever de uma reflexão e de um empenho bastante profundo, para que a nova cultura emergente seja intimamente evangelizada, sejam reconhecidos os verdadeiros valores, sejam defendidos os direitos do homem e da mulher e seja promovida a justiça também nas estruturas da sociedade. Em tal modo o "novo humanismo" não afastará os homens da sua relação com Deus, mas conduzi-los-á para ele mais plenamente (*Familiaris Consortio,* 1980, n. 8).

Como a Igreja exerce grande influência na sociedade brasileira, sua interpretação acerca das questões sobre relacionamentos familiares é profundamente relevante, sobretudo para os católicos. Por isso, casamento, separação, segunda união não podem ser analisados sem se levar em conta a postura da Igreja diante de mudanças profundas e intensas que afetam a família.

A Igreja Católica exerceu – como ainda exerce – muita influência sobre o casamento e a separação. A partir do reinado de Luís, o Piedoso (814-840), a Igreja pôde oficializar na realidade social a prática geral da monogamia e da indissolubilidade dos matrimônios, proibindo totalmente o divórcio dos cônjuges (ARIÉS e DUBBY, 1995).

Pela primeira vez, no ano de 1274, no segundo concílio de Lyon, a Igreja Católica fala em sete sacramentos, mencionando explicitamente o matrimônio, embora acreditasse que desde o início do cristianismo essa verdade era implícita. Assim, o sacramento do Matrimônio eleva ao plano sobrenatural[2] a instituição natural[3] do casamento (BETTENCOURT, 2002).

Inserida na realidade, a Igreja Católica tem se ocupado e preocupado com o matrimônio dos cristãos católicos, impondo-lhes exigências decorrentes da opção que fizeram ao se casar, pois o considera uma realidade sagrada, estabelecida por Deus.

Em sintonia com as orientações da Igreja universal, sediada na Santa Sé,[4] Vaticano, a Igreja Católica presente no Brasil estabelece a sua atuação pastoral através de renovações em suas posturas, transformando a vida religiosa em experiência profundamente significativa para as pessoas e, nesse sentido, atende a situações e problemas sociais concretos, como a organização familiar. Procurando por todos os meios insistir sempre na importância da família, a Igreja Católica toma-a como "base da sociedade", pois acredita estar intimamente ligada à salvação individual e coletiva.

Os cônjuges cristãos, pela virtude do sacramento do Matrimônio, pelo qual significam e participam do mistério de unidade e

---

[2] O termo "sobrenatural", em Teologia, não significa algo maravilhoso e surpreendente, mas é o que ultrapassa os postulados de qualquer criatura (assim, se Deus deu olhos a uma criatura, esta pode postular luz; se lhe deu ouvidos, pode postular som). Numa palavra, sobrenatural vem a ser a elevação da criatura humana à dignidade de ver Deus face a face com todos os dons que esta vocação sublime implica (BETTENCOURT, 2002).

[3] A lei natural é a lei que o Criador promulga mediante a natureza de cada criatura. Pode ser física ou moral. A existência da lei natural moral é afirmada pelo testemunho de todos os povos, assim como pela experiência individual ou coletiva dos homens contemporâneos. Quem nega a Lei natural, nega a Metafísica, que tem índole imutável e universal (BETTENCOURT, 2002).

[4] A denominação Santa Sé Apostólica, ou Santa Sé, no Código de Direito Canônico (CDC), incluirá não só o Romano Pontífice, mas também – a não ser que pela natureza da coisa ou pelo contexto das palavras se depreenda o contrário – a Secretaria de Estado, o Conselho para os negócios públicos da Igreja e os demais organismos da Cúria Romana (CDC, 1983, cânone 361).

fecundo amor entre Cristo e a Igreja, ajudam-se a santificar-se um ao outro na vida conjugal, bem como na aceitação e educação dos filhos; têm para isso, no seu estado e função, um dom especial dentro do povo de Deus (1Cor 7,7). Desse consórcio procede a família, onde nascem os novos cidadãos da sociedade humana, que, pela graça do Espírito Santo, se tornam filhos de Deus no Batismo, para que o povo de Deus se perpetue no decurso dos tempos. É necessário que nesta época de igreja doméstica os pais sejam para os filhos, pela palavra e pelo exemplo, os primeiros mestres da fé (*Lumen Gentium*, 1967, n. 11).

Diante da realidade da família que se encontra num quadro de inquietações, questionamentos e de crescentes mudanças e renovações, segundo Scola (2003) houve por parte do sujeito eclesial uma incapacidade de transmitir as razões da fé ao homem contemporâneo; faltou uma comunicação real, prenhe de razões, da vida cristã na sua capacidade global e totalizante de responder às perguntas que constituem o coração do ser humano.

Contudo, é inegável o esforço da Igreja, principalmente do episcopado brasileiro, em procurar estar atento à nova realidade familiar que vivenciam os fiéis. Os diversos documentos apresentados pelos bispos brasileiros num longo percurso histórico descrevem bem essa atenção à família.

Entre os documentos do episcopado brasileiro, destacam-se as Diretrizes Gerais da Ação Pastoral da Igreja no Brasil (1991-1994), reafirmando que o matrimônio está ordenado para o bem dos cônjuges e a geração e educação da prole, com as propriedades essenciais da unidade e da indissolubilidade; ressalta os desafios e responde a eles orientando os fiéis católicos a entenderem e perceberem as mudanças ocorridas no campo da família, indicando três aspectos particularmente importantes.

O primeiro refere-se ao individualismo e à emergência da subjetividade (mais frequente entre as camadas média e alta, que dispõem de mais recursos para fazerem o que desejam) e que atingem a todos pela difusão de valores e padrões culturais de consumo, tidos como "modernos" ou "avançados". O segundo reporta-se ao pluralismo cultural e religioso que contrapõe a sociedade tradicional, que tendia a reduzir ou a submeter todos a uma única cultura, religião e visão do mundo, e que dá lugar a um universo diferenciado e pluriforme, que se manifesta num amplo leque de posições no plano religioso e ético. Por último, inclui os efeitos negativos da indústria cultural.

Outra manifestação da atenção da Igreja Católica que está no Brasil foi em 2011, quando o episcopado brasileiro demonstrou a importância da religião na família nos tempos contemporâneos, apresentando a família como um dos eixos transversais de toda a ação evangelizadora; e ainda insistiu na preocupação com a família, que enfrenta diversas mudanças sociais e culturais, quando convidou os fiéis a terem um olhar especial à família, como patrimônio da humanidade, lugar e escola de comunhão, primeiro local para a iniciação à vida cristã das crianças, no seio da qual os pais são os primeiros catequistas; e apontou a pastoral familiar como a grande colaboradora para que a família seja sempre um lugar de realização humana, de santificação na experiência de paternidade, maternidade e filiação e de educação contínua e permanente da fé (DGAE, 108).

Assim, as famílias que tinham como eixo e referência a religião, agora devem adaptar-se à sociedade moderna, voltada de forma obsessiva para a produção e o consumo de bens. Segundo o episcopado brasileiro, essa realidade conduz à desorientação das famílias, ao mesmo tempo que torna mais difícil e necessária a tarefa educativa para ajudar a criança e o jovem a adquirirem uma personalidade madura, capaz de opções firmes e discernimento crítico dos valores.

No tocante à segunda união dos casais, a Igreja Católica recorda os batizados que a segunda união de casais unidos pelos laços do matrimônio, sacramentalmente válido e consumado, se encontra numa realidade que a Igreja considera situação irregular.

Essa situação irregular impossibilita a Igreja de reconhecer como válida essa segunda união pela não comunhão com as propriedades essenciais do matrimônio: a unidade e a indissolubilidade. Qualquer nova união contraída por um dos cônjuges, enquanto o outro ainda vive, é tida como violação ilícita do vínculo sacramental anterior, violação que gera um estado de vida contrária ao Plano do Criador.

Contudo, a Igreja Católica, com um longo percurso histórico de preocupação e solicitude para com as uniões que se encontram em situação irregular,[5] e como Mãe que é, se mantém atenta e acolhedora com os seus filhos batizados que contraíram uma união contrária ao Plano do Criador, através do princípio da misericórdia e verdade. Procura acolher e orientar os casais em segunda união, em particular na América Latina e mais especificamente no Brasil, conscientizando-

---

[5] Situação irregular: a Igreja não dispõe de uma nomenclatura para os casais em segunda união; por isso, em alguns documentos se utiliza o termo "irregular", para dar uma conotação geral de uma situação irregular, por terem sido infiéis ao seu matrimônio, a Deus e à Igreja, quando se uniram conjugalmente a outra pessoa, com o seu matrimônio precedente válido, contradizendo a lei divina (natural) da unidade e indissolubilidade matrimonial.

-os sobre os princípios fundamentais e iluminadores: o salvífico – Deus não nega a salvação a ninguém, em qualquer situação; o batismal – quem vive a segunda união não renunciou ao batismo e à fé; e o eclesial – os casais em segunda união são membros da Igreja e fazem parte da sua vida e da sua missão.

Igreja e a educação dos filhos

Sobre a tarefa educativa dos filhos, a Igreja Católica, na Carta Encíclica *Familiaris Consortio* n. 36, exorta os pais ao dever de educar como primordial vocação dos cônjuges à participação na obra criadora de Deus; gerando no amor e por amor uma nova pessoa, que traz em si a vocação ao crescimento e ao desenvolvimento, os pais assumem por isso mesmo o dever de ajudá-la eficazmente a viver uma vida plenamente humana.

Assim, a Igreja Católica considera dever dos pais criar um ambiente de tal modo animado pelo amor e pela piedade para com Deus e para com os homens, que favoreça a completa educação pessoal e social dos filhos. A família é, portanto, a primeira escola das virtudes sociais de que as sociedades têm necessidade.

> A família é a primeira e fundamental escola de sociabilidade: enquanto comunidade de amor, ela encontra no dom de si a lei que a guia e a faz crescer. O dom de si, que inspira o amor mútuo dos cônjuges, deve pôr-se como modelo e norma daquele que deve ser atuado nas relações entre irmãos e irmãs e entre as diversas gerações que convivem na família. E a comunhão e a participação quotidianamente vividas na casa, nos momentos de alegria e de dificuldade, representam a mais concreta e eficaz pedagogia para a inserção ativa, responsável e fecunda

dos filhos no mais amplo horizonte da sociedade (*Familiaris Consortio*, 1980, n. 37).

Os pais católicos em segunda união, como batizados seguidores dos ensinamentos da Igreja e pais solícitos, recebem, também, da Igreja a exortação de que devem educar os filhos na fé cristã (*Familiaris Consortio*, 1980), fazendo-os partícipes de todo o conteúdo da sabedoria evangélica, segundo ensina a Mãe Igreja. Relembra ainda os pais que essa educação na fé dentro da comunidade eclesial é uma obra que prepara os corações paternos para receber a força e a claridade necessárias para superar as dificuldades reais que encontram em seus caminhos e ter plena transparência do mistério de Cristo que o matrimônio cristão significa e realiza (JOÃO PAULO II, Alocução de 1997 – Discurso 4).

Destaco aqui o *Documento de Aparecida* (2007), quando se refere à família como a maior educadora dos filhos:

> No seio de uma família, a pessoa descobre os motivos e o caminho para pertencer à família de Deus. Dela, recebemos a vida, que é a primeira experiência do amor e da fé. O grande tesouro da educação dos filhos na fé consiste na experiência de uma vida familiar que recebe a fé, conserva-a, celebra-a, transmite-a e dá testemunha dela. Os pais devem tomar nova consciência de sua alegre e irrenunciável responsabilidade na formação integral de seus filhos (n. 118).

Contudo, a educação religiosa na família é frágil, principalmente pelas dificuldades criadas pela realidade social, como: o consumismo, o materialismo, o hedonismo e, ainda, a ausência de um dos pais, motivada pelas dificuldades econômicas, excessiva dedicação ao trabalho ou mesmo pelo divórcio. É comum aos pais delegarem a terceiros a educação dos filhos, bem como a educação religiosa, transferindo essa responsabilidade para as paróquias, com sua estrutura catequética, muitas vezes, fundada num estilo escolar (DIRETÓRIO DA PASTORAL FAMILIAR, 2004).

No que se refere às famílias em segunda união, João Paulo II, na Exortação Apostólica *Familiaris Consortio* (1981), exorta os pais a educarem seus filhos na fé cristã:

> Juntamente com o Sínodo exorto vivamente os pastores e a inteira comunidade dos fiéis a ajudar os divorciados, promovendo com caridade solícita que eles não se considerem separados da Igreja, podendo, e melhor devendo, enquanto batizados, participar na sua vida. Sejam exortados a ouvir a Palavra de Deus, a frequentar o Sacrifício da Missa, a perseverar na oração, a incrementar as obras de caridade e as iniciativas da comunidade em favor da justiça, *a educar os filhos na fé cristã*, a cultivar o espírito e as obras de penitência para assim implorarem, dia a dia, a graça de Deus. Reze por eles a Igreja, encoraje-os, mostre-se mãe misericordiosa e sustente-os na fé e na esperança (FC, 84).

Do mesmo modo, os Bispos do Regional Sul 1 incentivam que os casais católicos de segunda união não se descuidem da educação dos filhos, aproveitando até mesmo de sua experiência para assegurar-lhes uma sólida preparação para a vida; e se chamados ao estado matrimonial, procurem vivenciar o verdadeiro amor conjugal e familiar, o qual lhes dará perfeita convivência na unidade de suas vidas a dois *(Nota Pastoral dos Bispos da Região Sul 1, 30/10/2003)*.

A partir do contexto de educação na fé dos filhos, podemos considerar que o Batismo é fundamento para que se tenha uma vida cristã e que através dele acontece a entrada da vida no Espírito que dá acesso aos demais sacramentos (CIC, 1213); por isso, podemos entender que tanto os pais em primeira como em segunda união têm a obrigação de cuidar para que seus filhos sejam batizados, com o compromisso de que demonstrem por palavras e gestos concretos que educarão os próprios filhos na religião católica, possibilitando-lhes que completem a iniciação cristã e que, desde pequenos, possam utilizar o direito de participar na comunidade, conforme a idade e as condições (cân. 868, §1).

Considerações

Com a separação e a segunda união conjugal, os membros da família experimentaram mudanças na organização doméstica. Uma tensão entre interesses individuais e coletivos, ampliada pela lealdade que os integrantes da unidade doméstica vivenciavam no cotidiano. Em particular a tensão que os filhos enfrentaram entre os deveres para com a família, constituída por pais e irmãos e onde foram socializados, e para com a nova família formada pela segunda união dos seus pais.

No que se refere ao modelo de família, observa-se que entre os membros da família em segunda união há movimentos de ruptura e contradição com o modelo nuclear, até mesmo pela impossibilidade de repetição do modelo nuclear anterior de família; no entanto, os membros da família em segunda união procuram e se empenham em estabelecer, na medida do que lhes é possível, pela própria condição em que se encontram, o ideal de uma família formada de um pai, uma mãe e seus filhos. E que muitas vezes é motivo de conflitos e tensões nos relacionamentos familiares, principalmente entre o novo cônjuge dos pais e os filhos.

Talvez essa insistência da permanência idealizadora de família nos filhos e casais das famílias em segunda união possa estar relacionada à vivência na família anterior, antes da separação e segunda união conjugal, bem como ao amparo recebido pelos avós que tinham estruturado suas famílias nos moldes nucleares.

E ainda, a importância da família nuclear reside também no fato de ela ser o arranjo doméstico revestido pelo significado simbólico de modelo hegemônico, isto é, um referencial e um ideal de ordenação da vida doméstica para a grande maioria da população brasileira (ROMANELLI, 1995a).

Seja o que for, o importante é que a família constitui um espaço privilegiado de recursos duráveis para a pessoa humana, um bem para a sociedade, nos mais diversos aspectos de sua existência, por proporcionar experiências no nível biológico, psicológico, social, bem como orientações éticas e culturais. E ainda, encontra-se nela os elementos fundamentais da identidade do ser humano, que ultrapassam os condicionamentos espaciais e temporais, que independem da vontade das pessoas envolvidas, tais como: paternidade, maternidade, filiação, confiança, cooperação e outros.

Para o processo de humanização, a família é um requisito fundamental por enraizar a pessoa na realidade vivencial, através das relações familiares que exigem um significado, um sentido, que ultrapassa os condicionamentos das circunstâncias cotidianas.

Interessante descrever que, para filhos com pais em segunda união, as representações idealizadas da família nuclear continuam sendo vistas como um lugar favorável e desejável. O importante é ter um pai e uma mãe, independentemente se são biológicos ou não.

A partir da realidade da família como fundamental para o desenvolvimento dos filhos, o período da separação/divórcio e segunda união conjugal exige um complexo de adaptações dos membros da família ao longo do tempo, podendo ter um impacto bastante diverso sobre os filhos, e estes reagirem e criarem estratégias de resistência de diferentes modos diante do evento estressor de perda.

A separação/divórcio e segunda união dos pais é uma situação complexa que não se caracteriza simplesmente, ou simploriamente, como negativas ou/e positivas para os filhos, embora seja notável que é uma fonte de estresse e sofrimento para os membros da família, uma transição emocionalmente dolorosa, principalmente para os filhos, quando permanecem reeditados embates dos pais sobre a guarda, pensão e visitas, tornando todos os membros do sistema familiar reféns crônicos.

A situação dos filhos agrava-se, ainda mais, quando os pais transferem a responsabilidade e/ou suas brigas, desencadeadas pela separação conjugal, para eles, que ficam em meio aos embates, assumindo um papel de mediação para resolver questões familiares práticas (pensão, visitas, escola e outras) e, muitas vezes, de ordem vingativa; assumindo, forçosamente, o "papel de juiz" da situação parental, que em conjunto e sem um controle do ex-casal, ou pelo menos uma combinação entre eles, acarreta sérias dificuldades para os filhos e toda a rede familiar.

Com a separação/divórcio e segunda união, o relacionamento dos filhos com o genitor ausente pode se tornar distante e de pouco contato, quando não se perde por completo, principalmente quando a mãe detém a guarda. O distanciamento de um dos pais é demasiadamente sofrido pelos filhos, talvez por se sentirem abandonados e inseguros diante da nova realidade. Os filhos que moram com a mãe podem ter o sentimento da perda ou distância do pai, e os que ficam sob a tutela do pai, a ausência cotidiana da mãe.

Na separação/divórcio dos pais, os conflitos parentais e a ausência de uma das figuras parentais podem ser os maiores motivadores para os medos e sofrimentos dos filhos diante da separação conjugal.

Na segunda união, os membros da família, em particular os filhos, experienciam o medo do abandono, o conflito da lealdade, a tristeza pela ausência de um dos genitores ou, em alguns casos, a falta e o distanciamento do genitor ausente, e muitos outros fatores que dificultam uma boa convivência familiar.

Diante do sentimento de perda e dos conflitos na dinâmica familiar, os filhos mais velhos ficam mais sensíveis a inúmeras perdas que vivenciaram e não querem enfrentar novas perdas; por isso, são relutantes em abdicar de qualquer parcela do afeto e da atenção dos pais, demonstrando sentimentos de ciúme, competitividade e rejeição para com o novo cônjuge, e normalmente apresentam um acentuado medo de perder o pai ou mãe para o novo cônjuge, principalmente, porque tal presença na dinâmica familiar termina ou diminui a expectativa de uma possível reconciliação dos pais e da volta da estrutura da família anterior.

Os filhos de menor idade se adaptam melhor, mas não sem dificuldades, à nova realidade de segunda união dos pais, pois têm menos lembranças, vínculos e experiências de outros relacionamentos.

A presença de uma pessoa nova com posicionamento familiar diferente no ambiente doméstico modifica as relações familiares. Isso gera uma desestabilidade tanto no cônjuge que chega à família como para os outros membros.

Muitas vezes, a presença do novo cônjuge é sentida pelos filhos como um impacto violento, agravando-se quando este busca incorporar nos membros da nova família seus padrões de educação e organização doméstica que cultivava na primeira união.

Com a entrada de uma nova pessoa na dinâmica familiar, os filhos tendem a ser obrigados a se adaptar à nova situação doméstica e a obedecer ao novo cônjuge do pai/mãe que assumiu autoridade parental no relacionamento com eles, podendo provocar uma rejeição explícita ou implícita à presença da nova pessoa.

O papel distinto do novo cônjuge que chega à família requer tempo e tolerância para a adaptação, tanto para este como para os filhos, mesmo que de início aconteça, por parte de todos os membros da família em segunda união, acolhida e aceitação da nova realidade.

Além das diversas mudanças que os membros da família passam com a separação/divórcio e segunda união, uma situação que modifica radicalmente a dinâmica familiar é o declínio do nível econômico em relação à família anterior.

Com a separação/divórcio há divisão de bens, o que geralmente empobrece a família. Com a redução dos recursos financeiros, consequentemente há uma modificação no estilo de vida, e a falta de dinheiro pode simbolizar a falta de amor e carinho, principalmente quando a mãe precisa trabalhar e deixar os filhos aos cuidados de outros, ou mesmo buscar outras frentes de serviço, por perder os recursos financeiros do marido, que se reduzem ao pagamento da pensão.

Em minhas pesquisas observei que em algumas famílias em segunda união a presença do novo cônjuge favoreceu a estabilidade financeira e, muitas vezes, emocional dos membros da família, e ainda, que os pais biológicos, nesse contexto, mesmo ausentes, continuaram sendo considerados e valorizados pelos filhos.

Além da redução financeira e das dificuldades trabalhistas que a mulher na sociedade brasileira é obrigada a enfrentar, observa-se que algumas mães, com a separação/divórcio, ficam fragilizadas emocionalmente e, por se apoiarem nos filhos, em especial nos filhos homens mais velhos, acabam por gerar uma inversão de papéis, assumindo a condição de serem cuidadas pelos filhos, e estes se veem na "obrigação" filial de socorrer e se responsabilizar pela mãe e, muitas vezes, pelos irmãos, assumindo tarefas domésticas impróprias para a idade que têm; ou mesmo quando são autorizados a decidir com quem querem morar após a separação/ divórcio, não raro optam por ficar com os pais que mais pena lhes causavam, ou com aquele que achavam que tinha sofrido mais.

A parte mais fragilizada na separação consegue, normalmente, atrair a atenção e o cuidado dos filhos, que ficam procurando entendimento e soluções para proteger e auxiliar essa parte mais fragilizada, mediante a supressão de qualquer informação que possa perturbá-la; assumem o comando das atividades domésticas e ficam sem suporte para suas necessidades de filhos.

Observa-se que os pais, na fragilidade da separação e com a frustração do primeiro casamento, têm atitudes e tendências de se apoiar nos filhos, direcionando para eles o encargo de dar sentido e razão para suas vidas; assumindo papéis de vítimas e sofredores, reforçam a aliança com os filhos, que se sentem obrigados a cuidar deles.

Tenho observado em minhas investigações que os avós na atualidade são suporte e ajuda para suprir ou reduzir as necessidades básicas, ou não, dos membros de muitas famílias, em especial as que enfrentam a realidade da separação/divórcio e segunda união, com filhos ou não, e por razão emocionais e financeiras voltam para a casa dos pais.

A presença e influências maiores dos avós na vida dos netos se dá durante e após a separação dos filhos, pois, logo que estes iniciam o processo de adaptabilidade à nova forma de família, os avós apresentam uma considerável diminuição na presença e atuação na vida dos netos, concretizando-se essa diminuição ainda mais quando se estabeleceu a segunda união dos filhos. Isso demonstra o caráter transitório de suporte emocional, material e familiar que os avós exercem na separação e segunda união dos filhos.

Os sofrimentos e as angústias gerados pela tristeza e perdas na separação conjugal com o tempo vão diminuindo de intensidade, pelas novas situações e, principalmente, pelo relacionamento amigável dos pais ir se concretizando.

Tantos para pais como para filhos em famílias em segunda união, a separação é uma etapa difícil e dolorosa, contudo, é considerada transitória e não significativa para não se casarem novamente. As decepções vividas são consideradas referentes a relacionamentos e aos parceiros específicos, e não ao casamento em geral, a ponto de muitos se casarem de novo e apoiarem outros a se casarem e de acolherem o novo cônjuge dos seus pais.

Para a adaptação à situação de separação/divórcio e segunda união dos pais, os filhos dependem de um conjunto de recursos que colaboraria e facilitaria a elaboração, pelo menos parcial, das perdas e das tristezas geradas por tal situação.

Para uma saudável adaptação é preciso levar em consideração a estrutura e dinâmica familiar, no contexto em que está inserida; cada família tem seu contexto histórico, cultural e social. Principalmente no caso da segunda união, compreender sempre que não comporta as características tradicionais do modelo nuclear.

Como tudo na vida, o processo adaptativo dos filhos com a realidade da nova união dos pais, bem como com os novos cônjuges, requer tempo e tolerância, para não dizer paciência; esse tempo deve ser entendido a médio e longo prazo, para que vivenciem as diversas fases de adaptação.

Em minhas investigações percebo que a adaptação dos filhos à segunda união dos pais, e talvez de outros membros da família, se divide em fases, que não acontecem de forma linear, sequencial, sendo mesmo, em alguns casos, distintas.

De forma geral, o início do relacionamento na família em segunda união é caracterizado por uma boa convivência entre seus membros, talvez por novidade, estabilidade familiar – emocional e/ou financeira –, cumprimento do desejo do pai ou mãe em ter um novo cônjuge, diminuição ou, melhor, redistribuição mais equitativa dos afazeres domésticos e outros. Entretanto, é importante considerar que, quando existem embates e conflitos entre os pais, nem mesmo no início da segunda união dos pais a adaptação será boa.

Posteriormente, podemos chamar de um segundo momento delicado e conflituoso quando a novidade dos novos relacionamentos passou e iniciou-se de fato a adaptação. Essa fase é marcada de conflitos entre os modelos e padrões vividos na família anterior e aqueles que devem construir juntos.

Normalmente a adaptação fica mais difícil quando o cônjuge que chega à família tende a impor valores e padrões que nem sempre comungam com os seus ideais e modelos, podendo gerar um processo de rejeição e contraposição;

afinal, não é o pai (ou mãe) biológico para atuar como se o fosse.

Nesse período, os membros da família terão que cultivar tolerância, abertura às novidades e espírito e atitude de acolhimento com as possíveis mudanças. As diferentes experiências familiares anteriormente vividas deverão servir para construir um novo tipo de dinâmica familiar.

Como a religião católica influencia a estrutura e a dinâmica da família, em especial a brasileira, é preciso considerar que a educação e o exercício da fé católica para os filhos de pais em segunda união são elementos imprescindíveis para o crescimento e desenvolvimento saudáveis da criança e do adolescente; estes não devem ser privados das graças da iniciação cristã (Batismo, Confissão Sacramental, Eucaristia e Crisma), nem das atividades paroquiais, como: catecismo, encontros, celebrações e outras. Cabe aos pastores e a todo o povo de Deus, seguindo os passos firmes e seguros do Bem-aventurado João Paulo II, criar condições e meios para que o Evangelho seja conhecido e vivido por todas as pessoas de boa vontade, nas diversas realidades em que se encontram, sem discriminação e preconceito.

E por fim, observei em minhas pesquisas que, na maioria dos casos com os quais tive contato, os filhos em famílias em segunda união demonstraram aceitação e adaptação à realidade dos pais. Como também tive contato com filhos que relataram ter sido obrigados a aceitar a segunda união dos pais, e que, mesmo na fase adulta em que se encontravam, sentiam não conseguir se adaptar a essa realidade.

Um fator que merece destaque para uma adaptação saudável dos filhos é o diálogo sincero e honesto entre pais e filhos, bem como entre estes e os novos membros da família.

Talvez um dos grandes problemas para os filhos diante da separação/divórcio e segunda união dos pais seja a falta de comunicação clara, verdadeira e afetuosa sobre a situação. As crianças não perguntam e os pais concluem que esteja tudo bem.

Com a separação e a segunda união, a família enfrenta uma situação de construção e reconstrução da sua estrutura e dinâmica; nessa realidade, os filhos, além do luto necessário para a aceitação da mudança familiar, passam também pelas necessidades de entender e ressignificar, claramente, as características da nova família, principalmente os papéis e funções dos novos membros, a partir da definição do seu próprio lugar e papel no novo arranjo doméstico.

Quando as normas e valores são claramente expostos e sistematicamente aplicados, quando existe uma comunicação adequada (à idade, à intenção, ao momento), clara e verdadeira, e ainda segurança do afeto parental e da realidade acontecida ou para acontecer, geram-se instrumentos para os filhos se adaptarem melhor à nova realidade, na elaboração, pelo menos inicial e parcial, das perdas, divisões e tristezas geradas com a segunda união dos pais.

Uma das principais formas de reduzir as incertezas geradas nos filhos pela separação/divórcio e segunda união dos pais é conceder-lhes informações necessárias sobre o que está acontecendo na família.

Contudo, é importante considerar que as informações carregadas de conflitos e agressividade podem ser prejudiciais para as relações familiares e para a saúde física e mental da criança. Comunicações constituídas de negativismo e emocionalmente depreciativas sobre o outro progenitor colocam os filhos numa posição desconfortável de mediadores e resultam, para eles, em mais confusão e tensão.

A situação da segunda união dos pais é dolorosa, marcante e sentida como influenciadora e condicionante na vida dos filhos, em especial na dos filhos com mais idade. Torna-se uma realidade mais estressante e intensificadora de sofrimentos quando associada a conflitos conjugais, à falta de comunicação clara e verdadeira dos pais para com os filhos e entre si e, principalmente, quando ocorre a influência negativa por parte do pai ou da mãe que não aceita a segunda união do ex-cônjuge.

A adaptação pode estar vinculada, muitas vezes, ao medo de terem que passar pela mesma experiência da separação conjugal dos pais uma segunda ou terceira vez; por isso, talvez, procurem viver de forma a sustentar a relação para que não haja novas rupturas.

O fato é que a adaptação dos filhos requer tempo, tolerância, comunicação e amor. E, principalmente, considerar que eles têm diferentes experiências, necessidades e expectativas no que se refere à separação/divórcio/segunda união dos pais. E ainda recordar que a adaptação ou não dos filhos à separação/divórcio e segunda união dos pais está diretamente relacionada aos condicionamentos físicos, psíquicos, relacionais/sociais e espirituais de cada membro da família, além do contexto e dinâmica familiar e social em que cada família está inserida.

Para os filhos, o melhor e mais saudável seria uma família intacta, em que todos desempenhassem bem seus papéis e encargos, na qual os pais se mantivessem unidos e felizes, mesmo diante de conflitos e tensões próprios dos relacionamentos humanos, e onde o perdão e a festa fizessem parte do cotidiano familiar. Contudo, na falta desses elementos, seja pela imaturidade e pouca idade com que se casaram, pela infidelidade conjugal, alcoolismo, incompatibilidade de temperamento, ou por motivos alheios ao querer dos pais, ou ainda pelas situações impostas pela vida, um ambiente divorciado harmônico parece ser mais saudável do que uma família intacta com prolongados e intensos conflitos.

Dependendo da estrutura e dinâmica familiar, no contexto em que está inserida, a separação/divórcio e segunda união são eventos indesejáveis mas adaptáveis, a médio e longo prazo, para os filhos; não sem sofrimentos e marcas significativas, porém, não determinantes da vida dos membros da família.

Referências

ABERASTURY, A.; KNOBEL, M. *Adolescência normal*. Porto Alegre: Artes Médicas, 1992.

AMATO, P. R. Life-span adjustment of children to their parents' divorce. *The Future of Children*, Lincoln City/Oregon, v. 4, pp. 143-164, 1994. Disponível em: <http://www.futureofchildren.org/usr_doc/vol4no1ART9.pdf>. Acesso em: 06 fev. 2006.

AMATO, P. R. Reconciling divergent perspectives: Judith Wallerstein, quantitative family research, and children of divorce. *Family Relations*, v. 52, n. 3, pp. 32-39, 2003.

_____. The consequences of divorce for adults and children. *Journal of Marriage and Family*, Lincoln City/Oregon, v. 62, n. 12, pp. 69-87, 2000.

_____. Children's adjustment to divorce: theories, hypotheses and empirical support. *Journal of Marriage and Family*, Lincoln City/Oregon, v. 55, pp. 628-640, fev. 1995.

_____. Children's adjustment to divorce: theories, hypotheses, and empirical support. *Journal of Marriage and Family*, Lincoln City/Oregon, 55, 23-38 (1994).

_____.; PREVITI, D. People's reasons for divorcing: gender, social class, the life course, and adjustment. *Journal of Family Issues*, v. 24, pp. 602-626, 2003.

AMBERT, A. M. *Divorce: facts, causes, and consequences*. 3rd ed. Vanier Institute of the Family, 2005. Disponível em: <http://www.vifamily.ca>. Acesso em: nov. 2009.

ARIÉS, P.; DUBBY, G. (org.). *Do Império ao ano mil*. São Paulo: Companhia das Letras, 1995. (História da vida privada no Brasil, v. 1).

BARBER, B. L.; LYONS, J. M. Family processes and adolescent adjustment in intact and remarriage families. *Journal of Youth and Adolescent*, New York, v. 23, pp. 421-436, 1994.

BARBOSA, A. K. P. *A família da fé em tempos modernos*; uma interpretação sobre constituição familiar, relações de gênero e sexualidade entre presbiterianos. 1999. 207 f. Dissertação (Mestrado em Psicologia – Ribeirão Preto) – Universidade de São Paulo, Ribeirão Preto, 1999.

BARBOSA, R. H. S. *Mulheres, reprodução e Aids*; as tramas da ideologia na assistência à saúde de gestantes HIV+. 2001. 310f. Tese – Fundação Oswaldo Cruz, Escola Nacional de Saúde Pública, São Paulo, 2001.

BAUMAN, Z. *Amor líquido*; sobre a fragilidade dos laços humanos. Rio de Janeiro: Jorge Zahar Editor, 2004.

_____. *Ética pós-moderna*. São Paulo: Paulus, 1997.

BERGER, P.; KELLNER, H. Marriage and the construction of reality. *Recent Sociology*, North Carolina, v. 2, pp. 50-73, 1970.

BERNSTEIN, A. C. Recasamento; redesenhando o casamento. In: PAPP, P. (org.). *Casais em perigo*; novas diretrizes para terapeutas. Porto Alegre: Artmed, pp. 295-322, 2002.

BERQUÓ, E. País não precisa de política de planejamento familiar. *Folha de S. Paulo*, São Paulo, 26 jan. 2004. Caderno A, p. 14.

_____. Arranjos familiares no Brasil; uma visão demográfica: In: SCHUVARAG, L. M. (org.). *História da vida privada no Brasil*; contrastes da intimidade contemporânea, São Paulo: Companhia das Letras, 1998. v. 4, pp. 411-437.

BETTENCOURT, E. T. *Curso sobre os sacramentos*. Rio de Janeiro: Lumem Christi, 2002.

BIASOLI-ALVES, Z. M. M. A questão da disciplina na prática de educação da criança, no Brasil, ao longo do século XX. *Revista Veritati*, Salvador, ano 2, n. 2, p. 243-259, jul. 2002.

BILAC, E. D. Convergências e divergências nas estruturas familiares no Brasil. *Ciências Sociais Hoje*, São Paulo: Vértice, pp. 70-93, 1991.

BOECHAT, W. (org.). *O masculino em questão*. Petrópolis, RJ: Vozes, 1997.

BOEHS, A. E.; MANFRINI, G. C. Cuidando de famílias rurais na perspectiva do desenvolvimento da família. *Ciência, Cuidado e Saúde*, v. 4, n. 3, 2005. Disponível em: <http://periodicos.uem.br/ojs/index.php/CiencCuidSaude/article/view/5199>. Acesso em: 5 dez 2010.

BLOS, P. *Adolescência*; uma interpretação psicanalista. São Paulo: Martins Fontes, 1994.

BRASIL. Constituição (1988). Constituição Federal, alterando e inserindo parágrafos. *Lex – Coletânea de Legislação e Jurisprudência*; legislação federal e marginália, Brasília, Congresso, 2004. Disponível em:<http://www.planalto.gov.br/ccivil_03/constituicao/.htm>. Acesso em: jan. 2011.

BRASILEIRO, R. F., JABLONSKI, B.; FÉRES-CARNEIRO, T. Papéis de gênero e a transição para a parentalidade. *PSICO*, v. 33, n. 2, pp. 289-310, 2002.

BRAY, J. H.; BERGER, S. H. Nonresidential parent-child relationships following divorce and remarriage: a longitudinal perspective. In: DEPNER, C. E.; BRAY, J. H. (ed.). *Nonresidential parenting*; new vistas in family living. California: Sage Publications, pp. 13-36, 1993.

BRIOSCHI, L. R.; TRIGO, M. H. B. Relatos de vida em ciências sociais; considerações metodológicas. *Revista Ciência e Cultura*, 39 (7), pp. 631-637, jul. 1987.

BRITO, L. M. T. Família pós-divórcio; a visão dos filhos. *Psicologia: Ciência e Profissão*, v. 27, n. 1, pp. 32-45, 2007.

BROWN, F. H. A família pós-divórcio (M. A. V. Veronese, Trad.). In: CARTER, B.; MCGOLDRICK, M. (ed.). *As mudanças no ciclo de vida familiar*; uma estrutura para a terapia familiar. Porto Alegre: Artmed, 2001.

BROWN, F. H.; GREEN, R. J.; DRUCKMAN, J. A comparison of stepfamilies with and without child-focused problems. *American Journal o Orthopsychiatry*, v. 60, pp. 556-566, 1990.

BRUN, G. *Pais e filhos & cia. ilimitada*. Rio de Janeiro: Record, 1999.

BUCHANAN, C. M.; HEIGES, K. L. When conflict continues after the marriage ends: Effects of post-divorce conflict on children. In: GRYCH, J. H.; FINCHAM, F. D. (ed.). *Interparental conflict and child development*. Cambridge, MA: Cambridge University Press, 2001.

CALDANA, R. H. L. *Ser criança no início do século*; alguns retratos e suas lições. 1998. 221f. Tese (Doutorado em Educação) – Centro de Educação e Ciências Humanas, Universidade Federal de São Carlos, São Carlos, 1998.

CAMPOS, R. O. A experiência brasileira de planejamento. In: SIMONSEN, M. H.; CAMPOS, R. O. *A nova economia brasileira*. 3. ed. Rio de Janeiro: José Olympio, 1979.

CANO, S. D. et al. As transições familiares do divórcio ao recasamento no contexto brasileiro. *Psicol. Reflex. Crit.*, v. 22, n. 2, Porto Alegre, 2009. Disponível em: <http://bases.bireme.br/cgibin/wxislind.exe/iah/online/IsisScript=iah/iah.xis&src=google&base=LILACS&lang=p&nextAction=lnk&exprSearch=527497&indexSearch=ID>. Acesso em: 10 fev. 2010.

CARBONE, A.; COELHO, M. R. M. A família em fase madura. In: CERVENY, C. M. de O.; BERTHOUD, C. M. E. (org.). *Família e ciclo vital*; nossa realidade em pesquisa. São Paulo: Casa do Psicólogo, 1997.

CARTER, B.; MCGOLDRICK, M. *As mudanças no ciclo de vida familiar*; uma estrutura para a terapia familiar. Porto Alegre: Artes Médicas, 1995.

CASTELLS, M. *A sociedade em rede*. Rio de Janeiro: Paz e Terra, 1999.

CERVENY, C. M. O. Ciclo vital. In: CERVENY, C. M. O.; BERTHOUD, C. M. E. (org.). *Família e ciclo vital*; nossa realidade em pesquisa. São Paulo: Casa do Psicólogo, 1997.

CERVENY, C. M. O.; BERTHOUD, C. M. *Visitando a família ao longo do ciclo vital*. São Paulo: Casa do Psicólogo, 2002.

_____. *Família e ciclo vital*; nossa realidade em pesquisa. São Paulo: Casa do Psicólogo, 1997.

CHERLIN, A. J. The deinstitutionalization of American marriage. *Journal of Marriage and Family*, Lincoln City/Oregon, v. 66, pp. 848-861, 2004. Disponível em: <http://www.vifamily.ca/library/cft/divorce_05.html>. Acesso em: 21 jan. 2010.

_____. Going to extremes: family structure, children's well-being, and social science. *Demography*, v. 36, pp. 421-428, 1999.

CHERLIN, A. J.; CHASE-LANSDALE, P.; MCRAE, C. Effects of parental divorce on mental health throughout the life course. *American Sociological Review*, v. 63, p. 637-667, 1998.

CICCHELLI-PUGEAULT, C.; CICCHELLI, V. *Lesthéoriessociologiques de la famille*. Paris: La Découverte, 1998.

COLEMAN, M.; GANONG, L.; FINE, M. Reinvestigating remarriage; another decade of progress. *Journal of Marriageand Family*, v. 62, n. 4, pp. 1288-1307, nov. 2000. Disponível em: <http://www.jstor.org/stable/pdfplus/1566736.pdf>. Acesso em: 12 mar. 2010.

CONNIDIS, I. A. Divorce and union dissolution; reverberations over three generations. *Canadian Journal on Aging*, v. 22, pp. 353-368, 2003.

CORNEAU, G. Paternidade e masculinidade. In: NOLASCO, S. (org.). *A desconstrução do masculino*. Rio de Janeiro: Rocco, 1995.

COWAN, P. A.; COWAN, C. P. *When partners become parents*; the big life change for couples. New Jersey: Lawrence Erlbaum Associates, 2000.

COSTA, A. M. Participação social na conquista das políticas de saúde para mulheres no Brasil. *Ciênc. saúde coletiva*, Rio de Janeiro, v. 14, n. 4, jul./ago. 2009. Disponível em: <http://www.scielo.br/scielo.php?script=sci_arttext&pid=S1413-81232009000400014>

COSTA, F. L. Brasil: 200 anos de Estado; 200 anos de administração pública; 200 anos de reformas. *Rev. Adm. Pública*, Rio de Janeiro, v. 42, n.

5, set./out. 2008. Disponível em: <http://www.scielo.br/scielo.php?pid=S003476122008000500003&script=sci_arttext&tlng=en>. Acesso em: 23 mar. 2010.

COSTA, L. F.; PENSO, M. A.; FÉRES-CARNEIRO, T. Reorganizações familiares; as possibilidades de saúde a partir da separação conjugal. *Psicologia: Teoria e Pesquisa*, Brasília, v. 8, Suplemento, pp. 495-503, 1992.

COSTA, G. *O amor e seus labirintos*. Porto Alegre: Artmed, 2007.

COSTA, J. F. *Sem fraude, nem favor*; estudos sobre o amor romântico. Rio de Janeiro: Rocco, 1998.

COSTA, M. E. *Intervenções psicológicas em transições familiares*; divórcio, monoparentalidade e recasamento. Porto: Asa, 1994.

CUNHA, M. V. A escola renovada e a família desqualificada; do discurso histórico-sociológico ao psicologismo na educação. *Revista Brasileira Est. Pedag.*, Brasília, v. 77, n. 186, pp. 318-345, maio/ago. 1996.

_____. *A educação dos educadores*; da Escola Nova à escola atual. Campinas: Mercado de Letras, 1995.

DANTAS, C. R. *O exercício da paternidade após a separação*. Dissertação de Mestrado. PUC-Rio, 2003. Disponível em:<http://www.maxwell.lambda.ele.puc-rio.br/Busca_etds.php?strSecao=resultado&nrSeq=4064@1>. Acesso em: 20 fev. 2010.

DANTAS, C.; JABLONSKI, B.; FÉRES-CARNEIRO, T. *Paternidade*; considerações sobre a relação pais-filhos após a separação conjugal. Ribeirão Preto: Paideia, v. 14, n. 29, 2004. Disponível em: <http://sites.ffclrp.usp.br/paideia/artigos/29/09.pdf>. Acesso em: 23 nov. 2009.

DAVIDOVICH, F. A questão urbana. In: IBGE. *Atlas nacional do Brasil*, 2000, p. 147. Rio de Janeiro: Instituto de Psicologia, 2009. 162f. Disponível em:<http://www.dominiopublico.gov.br/download/texto/cp079533.pdf>. Acesso em: 12 jan. 2010.

DIAS, M. L. *Divórcio e família*; a emergência da terapia familiar no Brasil. Tese de doutorado – Faculdade de Filosofia, Ciências e Letras/USP, São Paulo, 1999.

DINIZ NETO, O.; FÉRES-CARNEIRO, T. Psicoterapia de casal na pós--modernidade; rupturas e possibilidades. *Estudos de Psicologia*, v. 22, n. 2, 2005. Disponível em: <http://pepsic.bvs-psi.org.br/pdf/epc/v22n2/v22n2a03.pdf>. Acesso em: 10 dez. 2009.

DIRETÓRIO DA PASTORAL FAMILIAR. São Paulo: Paulinas, 2004.

DOCUMENTO DE APARECIDA. Texto conclusivo da V Conferência Geral do Episcopado Latino-Americano e do Caribe. Aparecida do Norte: Ed. Santuário, 2007.

DONATI, P. *Ri-conoscere la famiglia*; quale valore aggiunto per la persona e la società? Cinisello Balsamo: Edizioni San Paolo, 2007.

_____. *Manualedi di sociologia della famiglia*. Roma-Bari: Laterza, 2005.

DUCIBELLA, J. S. Consideration of the impact of how children are informed of their parents'divorce decision; a review of the literature journal of divorce. *Remarriage*, v. 24, n. 3/4, pp. 121-141, 1995.

DURHAM, E. R.; CARDOSO, R. C. L. A elaboração cultural e participação social nas populações de baixa renda. *Ciência e Cultura*, v. 29, n. 2, pp. 171-177, 1977.

EMERY, R. E. *Marriage, divorce and children's adjustment*. Thousand Oaks, CA: Sage Publications, 1999.

FALCETO, O. G. et al. Fatores associados ao envolvimento do pai nos cuidados do lactente. *Revista de Saúde Pública/Journal of Public Health*, v. 42, pp. 1034-1040, 2008.

FAMILIARIS CONSORTIO. Exortação Apostólica. São Paulo: Paulinas, 1980.

FEIN, R. A. Research on fathering: social policy and an emergent perspective. *Journal of Social Isuues*, v. 34, n. 1, pp. 122-138, 1978.

FÉRES-CARNEIRO, T. Casamento contemporâneo; o difícil convívio da individualidade com a conjugalidade. *Rev. Psicologia: Reflexão e Crítica*, Porto Alegre, v. 11, n. 02, pp. 379-394, 1998. Disponível em:<http://www.scielo.br/scielo.php?script=sci_arttext&pid=S0102-79721998000200014>. Acesso em: dez. 2010.

FERREIRA JR., A.; BITTAR, Marisa. Educação e ideologia tecnocrática na ditadura militar. *Cadernos CEDES*, Campinas, v. 28, n. 76, pp. 333-355, set./dez. 2008.

FIGUEIRA, S. A. O "moderno" e o "arcaico" na nova família brasileira; notas sobre a dimensão invisível da mudança social. Em: FIGUEIRA, S. A. (org.). *Uma nova família*. Rio de Janeiro: Jorge Zahar Ed., 1987.

FINNIE, R. Women, men, and the economic consequences of divorce; evidence from Canadian longitudinal data. *Canadian Review of Sociology and Anthropology*, v. 30, pp. 205-241, 1993.

FREITAS et al. *Paternidade*; responsabilidade social do homem no papel de provedor. *Revista de Saúde Pública*, São Paulo, v. 43, n. 1, fev. 2009. Disponível em:<http://www.scielo.br/scielo.php?pid=S003489102009000100011&script=sci_arttext>. Acesso em: 28 nov. 2009.

FURSTENBERG, F. F.; KIERNAN, K. E. Delayed parental divorce; how much do children benefit? *Journal of Marriage and Family*, v. 63, pp. 446-457, 2001.

GALARNEAU, D.; STURROCH, J. *Family income after separation*; perspectives on labor and in come, v. 9, pp. 18-28, 1997.

GARCIA, M. L. T.; TESSARA, E. T. O. Estratégias de enfrentamento do cotidiano conjugal. *Psicologia: Reflexão e Crítica*, v. 14, n. 2, pp. 635-642, 2001.

GIDDENS, A. A. *Transformação da intimidade*; amor e erotismo nas sociedades modernas. São Paulo: Editora da Universidade Estadual Paulista, 1993.

GLASS JR., J. C.; HUNEYCUTT, T. L. Grandparents parenting grandchildren: extent of situation, issues involved, and educational implications. *Educational Gerontology*, v. 28, pp. 139-161, 2002.

GLENN, N. D. Values, attitudes, and the state of American marriage. In: POPENOE, D.; ELSHTAIN, J. B.; BLANKENHORN, D. (ed.). *Promises to keep*; decline and renewal of marriage in America. Lanham, MD: Rowan and Little field, pp. 15-34, 1996.

GOLDENBERG, M. Dois é par; uma referência fundamental nos estudos de gênero e conjugalidade nas camadas médias urbanas brasileiras. *Physis: Revista de Saúde Coletiva*, Rio de Janeiro, v. 15, n. 2, pp. 359-363, 2005.

_____. De Amélias a operárias; um ensaio sobre os conflitos femininos no mercado de trabalho e nas relações conjugais. In: GOLDENBERG, M. (org.). *Os novos desejos*. Rio de Janeiro: Record, 2000.

GOODMAN, C.; SILVERSTEIN, M. Grandmothers raising grandchildren; family structure and well-being in culturally diverse families. *The Gerontologist*, v. 42, n. 5, pp. 676-689, out. 2002.

GOMES, A. J. S.; RESENDE, V. R. O pai presente; o desvelar da paternidade em uma família contemporânea. *Psicologia, Teoria e Pesquisa*, v. 20, n. 2, pp. 119-125, 2004.

GOUVEIA, V. V. et al. Dimensões normativas do individualismo e coletivismo; é suficiente a dicotomia pessoal vs. social? *Psicologia: Reflexão e Crítica*, v. 16, n. 2, pp. 223-234, 2003.

GRINGS, D. O. *Mistério do matrimônio*. São João da Boa Vista, 1992.

GRISARD FILHO, W. Guarda compartilhada: uma nova dimensão na convivência familiar; O discurso do Judiciário. In: PEREIRA, R. C. (org.). *Guarda compartilhada*; aspectos psicológicos e jurídicos. Porto Alegre: Equilíbrio, 2005.

GRZYBOWSKI, L. S. Famílias monoparentais; mulheres divorciadas chefes de família. In: WAGNER, A. (org.). *Família em cena*; tramas, dramas e transformações. Rio de Janeiro: Vozes, 2002.

GUEDES, D.; ASSUNÇÃO, L. Relações amorosas na contemporaneidade e indícios do colapso do amor romântico (solidão cibernética?). *Revista mal-estar e subjetividade*, Fortaleza, v. 6, n. 2, p. 396-425, set. 2006.

HACKNER, I.; WAGNER, A.; GRZYBOWSKI, L. S. A manutenção da parentalidade frente à ruptura da conjugalidade. *Pensando Famílias*, v. 10, pp. 73-86, 2006.

HADADD, G. *Reflexões sobre a manutenção do ideal de amor romântico na atualidade*; um estudo sobre a fidelidade conjugal. Dissertação de mestrado – Programa de Pós-Graduação em Psicologia, Universidade de São Marcos, São Paulo, 2006.

HEILBORN, M. L. *Dois é par*; gênero e identidade sexual em contexto igualitário. Rio de Janeiro: Garamond, 2004.

HELLER, A. Uma crise global da civilização; os desafios futuros. In: SANTOS, Theotônio. (org.). *A crise dos paradigmas em ciências sociais e os desafios para século XXI*. Rio de Janeiro: Contraponto, 1999.

HELLER, A.; COX, M.; COX, R. Effects of divorce on parents and children In: LAMB, M. E. (org.). *Nontraditional families*; parenting and child development. Hillsdale: Lawrence Erlbaum, 1982.

HELLER, A.; KELLY, J. *For better or for worse*; divorce reconsidered. New York: W. W. Norton Company, 2003.

HELLER, A.; STANLEY-HAGAN, M. The adjustment of children with divorced parents: A risk and resiliency perspective. *Journal of Child Psychology and Psychiatry*, v. 40, pp. 129-140, 1999.

HOFFMANN et al. A teoria do desenvolvimento da família; buscando a convergência entre a teoria e a prática no cotidiano dos profissionais de saúde. *Fam. Saúde Desenv.*, Curitiba, v. 7, n. 1, pp. 75-88, jan./abr. 2005. Disponível em: <http://ojs.c3sl.ufpr.br/ojs2/index.php/refased/article/view/8056/5678>. Acesso em: 2 mar. 2010.

HOFFMANN; LEONE, E. Participação da mulher no mercado de trabalho e desigualdade da renda domiciliar per capita no Brasil: 1981-2002. *Nova Economia: Revista do Departamento de Ciências Econômicas da UFMG*, Belo Horizonte, v. 14, n. 2, maio/ago. 2004.

JABLONSKI, B. Atitudes frente à crise do casamento. In: FÉRES--CARNEIRO, T. et al. *Casamento e família*; do social à clínica. Rio de Janeiro: Nau, 2001.

_____. *Até que a vida nos separe*; a crise do casamento contemporâneo. Rio de Janeiro: Agir, 1998.

_____. Papéis conjugais; conflitos e transição. In: CARNEIRO, T. F. (org.). *Relação amorosa, casamento, separação e terapia de casal*. Rio de Janeiro: ANPEPP, 1986.

KLEIN, D. D.; WHITE, J. M. *Family theories*; an introduction. Thousands Oaks: Sage Publications, 1996.

KNOBEL, M. A síndrome da adolescência normal. In: ABERASTURY, A.; KNOBEL, M. *Adolescência normal*. Porto Alegre: Artes Médicas, 1989.

LAMB, M. E.; STERNBERG, K. J.; THOMPSON, R. A. The effects of divorce and custody arrangements on children's behavior, development and adjustment. *Family and Conciliation Court Review*, v. 35, pp. 393-404, 1997.

LAUMANN-BILLINGS, L.; EMERY, R. E. Distress among young adults from divorced families. *Journal of Family Psychology*, v. 14, pp. 671-687, 2000.

LE BLANC, M. et al. Types de families, conditions de vie, fonctionnementdusystème familial et inadaptationsocialeaucours de lalatence et de l'adolescencedanslesmilieudéfavorisés. Santé Mentale au Québec, v. 16, pp. 45-75, 1995.

LEONE, T.; HINDE, A. Fertility and union dissolution in Brazil; a example of multi-process modeling using the demographic and health survey calendar data. *Demographic Research Germany*, v. 17, n. 7, pp. 157-180, 2007. Disponível em: <http://demographic-research.org>. Acesso em: 2 abr. 2010.

LEWIS, C.; DESSEN, M. A. O pai no contexto familiar. *Psicologia: Teoria e Pesquisa*, v. 15, pp. 9-16, 1999. Disponível em: <http://bases.bireme.br/cgi-bin/wxislind.exe/iah/online/?IsisScript=iah/iah.xis&nextAction=lnk&base=LILACS&exprSearch=258791&indexSearch=ID&lang=i>. Acesso em: 4 dez. 2010.

LOURO, G. L. Nas redes do conceito de gênero. In: LOPES, M. J. D.; MEYER, D. E.; WALDOW, V. R. (org.). *Gênero e saúde*. Porto Alegre, RS: Artes Médicas, 1996.

LUMEN GENTIUM. Constituição Dogmática. São Paulo: Paulinas, 2010.

MACHADO, M. D. C. *Carismáticos e pentecostais*; adesão religiosa na esfera familiar. Campinas, SP: Autores Associados; São Paulo, SP: ANPOCS, 1996.

MALDONADO, M. T. *Casamento*; término e reconstrução. 6. ed. rev. e ampl. São Paulo: Perspectiva, 1995.

_____. *Comunicação entre pais e filhos*; a linguagem do sentir. Petrópolis: Vozes, 1987.

MARCONDES, G. S. *Refazendo famílias*; trajetórias familiares de homens recasados. 2008. Tese de doutorado, Universidade de Campinas, Campinas, 2008. Disponível em: <http://libdigi.unicamp.br/document/?code=vtls000437668>. Acesso em: 23 jan. 2010.

_____. *Eternos aprendizes*; o vínculo paterno em homens separados e recasados de camadas médias. Campinas, 2002. 184f. Dissertação (Mestrado em Antropologia Social) – Instituto de Filosofia e Ciências Humanas, Universidade Estadual de Campinas.

MAZUR, E. Developmental differences in children's understanding of marriage, divorce and remarriage. *Journal of Applied Developmental Psychology*, v. 14, pp. 191-212, 1993.

MC CONNEL, R. A.; SIM, A. J. Adjustment to parental divorce: an examination of differences between counseled and non-counseled children. *British Journal of Guidance and Counseling*, v. 27, pp. 245-257, 1999.

MENDES, M. A. Mulheres chefes de família: a complexidade e ambiguidade da questão. In: *Pré-evento mulheres chefes de família*; crescimento, diversidade e políticas. Ouro Preto: CNPD, FNUAP e ABEP, 2002. 13p. Disponível em: <www.abep.nepo.unicamp.br/docs/anais/pdf/2002/GT_Gen_ST38_Mendes_texto.pdf>. Acesso em: 16 fev. 2010.

MINKLER, M.; FULLER-THOMPSON, E. The health of grandparents raising grand children; results of a national study. *American Journal of Public Health*, v. 89, pp. 1384-1389, 1999.

MIRANDA-RIBEIRO, P. *Começar de novo*; um estudo comparativo do descasamento e recasamento. Belo Horizonte, 1993. 150f. Dissertação (Mestrado em Demografia) – Faculdade de Ciências Econômicas, Universidade Federal de Minas Gerais.

MORÉ, C. L. O. O.; QUEIROZ, A. H. Migração, movimento e transformação; irrupção do novo nas relações familiares. In: CERVENY, C. M. O. (org.). Família e movimento. São Paulo: Casa do Psicólogo, 2007.

MORGAN, D. H. J. Risk and family practices; accounting for change and fluidity in family life. In: SILVA, E. B.; SMART, C. (ed.). *The new family?* Londres: Sage Publications, 2000.

NETTO, D. O impulso brasileiro à exportação. In: SANTADEU, A. A. et al. *Brasil potência*. São Paulo: Unidas, 1972.

NICOLACI-DA-COSTA, A. M. Mal-estar na família; descontinuidade e conflito entre sistemas simbólicos. In: FIGUEIRA, S. A. (org.). *Cultura da psicanálise*. São Paulo: Brasiliense, 1985.

NOGUEIRA, C. Feminismo e discurso do gênero na psicologia social. *Psicologia & Sociedade*, v. 13, n. 1, pp. 107-128, 2001.

OLIVEIRA, M. C. A família brasileira no limiar do ano 2000. *Estudos Feministas*, v. 4, n. 1, pp. 55-63, 1996.

OSÓRIO, L. C. *Psicologia grupal*; uma nova disciplina para o advento de uma era. Porto Alegre: Artmed; 2003.

_____. *Adolescente hoje*. Porto Alegre: Artes Médicas, 1991.

PALERMO, C. E. C. *O cônjuge e o convivente no Direito das Sucessões*. São Paulo: Editora Juarez de Oliveira, 2007.

PECK, J. S.; MANOCHERIAN, J. R. O divórcio nas mudanças do ciclo de vida familiar. IN: CARTER, B.; MCGOLDRICK, M. *As mudanças no ciclo familiar*; uma estrutura para a terapia familiar. 2. ed. São Paulo: Artmed, 2001.

PETRINI, J. C. Mudanças sociais e mudanças familiares. In: PETRINI, J. C.; CAVALCANTI, V. R. S. *Família, sociedade e subjetividades*; uma perspectiva multidisciplinar. Petrópolis: Vozes, 2005.

PINELLI, A. Gênero e família nos países desenvolvidos, 2002. In: PINELLI, A. (org.). *Gênero nos estudos de população*. Campinas: ABEP, 2004.

POCHMANN, M. *Reestruturação produtiva*; perspectivas do desenvolvimento local com inclusão social. Petrópolis: Vozes, 2004.

POITTEVIN, A. *Enfants de famillesrecomposées*; *sociologiedes nouveaux liensfraternels*. Rennes: Presses Universitaires de Rennes, 2006.

PORRECA, W. Famílias recompostas; casais católicos em segunda união. 2004. 132 f. Dissertação (Mestrado em Psicologia) – Faculdade de Filosofia Ciência e Letras de Ribeirão Preto, Universidade de São Paulo, Ribeirão Preto, 2004.

_____. *Famílias em segunda união*; questões pastorais. São Paulo: Paulinas, 2010.

PRANDI, R. *Um sopro do espírito*; a renovação conservadora do catolicismo carismático. São Paulo: Editora da Universidade de São Paulo/FAPESP, 1997.

QUINTEIRO, M. C. Casados não casados; uniões consensuais nas camadas médias e populares. *Textos Nepo 19*, Campinas: Nepo/Unicamp, 1990.

RAMIRES, V. R. R. As transições familiares; a perspectiva de crianças e pré-adolescentes. *Psicologia em Estudo*, v. 9, n. 2, pp. 183-193, 2004. Disponível em: <http://www.scielo.br/scielo.php?pid=S141373722004000200005&script=sci_abstract&tlng=pt>. Acesso em: 20 dez. 2009.

RIBEIRO, I. Sobre a infidelidade dos fiéis; família, subjetividade e imaginário entre agentes da pastoral católica. 1997. Tese (Doutorado em Sociologia) – Faculdade de Filosofia, Letras e Ciências Humanas, Universidade de São Paulo, São Paulo, 1997. 2 v.

RIBEIRO, R. M. F. *Adoção emocional em famílias de recasamento*; um estudo sobre a construção das relações afetivas entre padrastos/madrastas e seus enteados. 2005. 111f. Dissertação (Mestrado em Psicossociologia). Universidade Federal do Rio de Janeiro, Rio de Janeiro, 2005. Disponível em: <http://www.psicologia.ufrj.br/pos_eicos/pos_eicos/arq_anexos/arqteses/rosamariaferreiraribeiro.pdf>. Acesso em: 23 jan. 2010.

ROMANELLI, G. *Famílias de camadas médias*; a trajetória da modernidade. Tese (Doutorado em Psicologia) – Faculdade de Filosofia, Letras e Ciências Humanas, Universidade de São Paulo, São Paulo, 1986.

_____. Mudança e transição em famílias de camadas médias. *Travessia*, v. 9, n. 4, pp. 32-34, jan./abr. 1991.

_____. Autoridade e poder na família. In: CARVALHO, M. do C. B. (org.). *A família contemporânea em debate*. São Paulo: Educ/Cortez, 1995a.

_____. O significado da educação superior para duas gerações de famílias de camadas médias. *Revista Brasileira*: *Estudo Pedagógico*, Brasília, v. 76, n. 184, pp. 445-476, set./dez. 1995b.

_____. *Papéis familiares e paternidade em famílias de camadas médias*. Trabalho apresentado na XIX Reunião Anual da ANPOCS, 1995c. Mimeo.

_____. *O relacionamento entre pais e filhos em famílias de camadas médias*. Ribeirão Preto: FFCLRP/USP/Paideia, fev./ago. 1998.

ROSALDO, M. O uso e o abuso da antropologia; reflexões sobre o feminismo e o entendimento intercultural. *Horizontes antropológicos*, Porto Alegre, v. 1, pp. 11-36, 1995.

RUTTER, M. *Resilience in the face of adversity*. In: MEDICINE MEETS MILLENNIUM. WORLD CONGRESS ON THE MEDICINE AND HEALTH. jul. 2000, Hannover, Germany. *Anais...* Hannover, Germany, 2000.

SALEM, T. O casal igualitário; princípios e impasses. *Revista Brasileira de Ciências Sociais*, v. 3, n. 9, pp. 24-37, fev. 1989.

SANCHES, S.; GEBRIM, V. L. M. O trabalho da mulher e as negociações coletivas. *Estudos Avançados*, São Paulo, v. 17, n. 49, set./dez. 2003. Disponível em: <http://www.scielo.br/scielo.php?script=sci_arttext&pid=S0103-40142003000300007>. Acesso em: fev. 2011.

SANCHEZ, L.; THOMSON, L. Becoming mothers and fathers; parenthood, gender, and the division of labor. *Gender & Society*, v. 11, pp. 747-772, 1997.

SANTOS, S. M. A. *Idosos, família e cultura*; um estudo sobre a construção do papel do cuidador. Campinas: Alínea, 2003.

SCHABBEL, C. Relações familiares na separação conjugal; contribuições da mediação. *Psicol. teor. prat.*, São Paulo, v. 7, n. 1, jun. 2005. Disponível em: <http://scielo.bvs-psi.org.br/scielo.php?pid=S1516-36872005000100002&script=sci_arttext&tlng=pt>. Acesso em: 22 abr. 2010.

SCHWARTZ, L. L. Children's perceptions of divorce. *The American Journal of Family Therapy*, v. 20, n. 4, pp. 324-332, 1992.

SCOLA, A. *O mistério nupcial*. Bauru: Edusc, 2003.

SCOTT, J. Gênero; uma categoria útil de análise histórica. *Educação e realidade*, Porto Alegre, v. 16, n. 2, pp. 5-22, 1990.

SILVA, E. B.; SMART, C. The "new" practices and politics on family life. In: SILVA, E. B.; SMART, C. (ed.). *The new family?* Londres: Sage Publications, 2000.

SILVA, J. L.; ALVES, L. F.; COELHO, M. R. M. Família em fase última. In: CERVENY, C. M. de O.; BERTHOUD, C. M. E. (org.). *Família e ciclo vital*; nossa realidade em pesquisa. São Paulo: Casa do Psicólogo, 1997.

SIMONS, R. Do diagnóstico à psicoterapia breve. *Jornal Brasileiro de Psiquiatria*, v. 45, n. 7, pp. 403-408, 1996.

SIMONSEN, M. H. O modelo brasileiro de desenvolvimento. In: SIMONSEN, M. H.; CAMPOS, R. O. *A nova economia brasileira*. 3. ed. Rio de Janeiro: José Olympio, 1979.

SMOCK, P. J.; MANNING, W. D. Cohabiting partners' economic circumstances and marriage. *Demography*, Chicago, v. 34, n. 3, pp. 331-342, 1997.

SOARES, L. C. E. C. "No fogo cruzado"; desafios e vivências de pais e mães recasados. Dissertação (Mestrado) – Universidade do Estado do Rio, 2009. Disponível em: <http://www.dominiopublico.gov.br/pesquisa/DetalheObraForm.do?select_action=&co_obra=129074>. Acesso em: 11 abr. 2010.

SOUZA, R. M. Depois que papai e mamãe se separaram; um relato dos filhos. *Psicologia: Teoria e Pesquisa*, Brasília, v. 16, n. 3, pp. 203-211, set./dez. 2000.

_____. A criança na família em transformação; um pouco de reflexão, um convite à investigação. *Psicologia Revista*, São Paulo, v. 5, pp. 33-52, 1998.

SOUZA, R. M.; RAMIRES, V. R. *Amor, casamento, família, divórcio... e depois, segundo as crianças*. São Paulo: Summus, 2006.

_____. Introduzindo técnicas de comunicação e solução de conflitos na família e na comunidade. *Revista de psicologia de la Universidad de Chile*, Chile, v. especial, n. 18, pp. 33-45, 2002.

SPINK, M. J. P. (org.). *O conhecimento no cotidiano*; as representações na perspectiva da psicologia social. São Paulo, Brasiliense, 1993.

STEWART, S. D. The effect of stepchildren on childbearing intentions and births. *Demography*, Baltimore, v. 39, n. 1, pp. 181-197, feb. 2002.

STRAUBE, K. M.; GONÇALVES, M. de P.; CENTA, M. de L. Percepção dos filhos sobre o divórcio dos pais. *Família, Saúde e Desenvolvimento*, v. 5, n. 3, pp. 173-184, set./dez. 2003.

SUN, Y.; LI, Y. Children's well-being during parents' marital disruption process; a pooled time-series analysis. *Journal of Marriage and Family*, v. 64, pp. 472-488, 2002.

SWEENEY, M. M. Remarriage and the nature of divorce; does it matter which spouse chooses to leave? *Journal of Family Issues*, v. 23, pp. 410-440, 2002.

TEYBER, E. *Ajudando as crianças a conviver com o divórcio*. São Paulo: Livraria Nobel S/A, 1995.

THERBORN, G. *Sexo e poder*; a família no mundo, 1900-2000. São Paulo: Editora Contexto, 2006.

THÉRY, I. *Le démariage*; justice et vie privée. Paris: Odile Jacob, 2001.

THOMSON, E.; LI, J. A. Her, his and their children; childbearing intentions and births in stepfamilies. *NSFH Working Paper*, Madison, n. 89, 2002.

TOULEMON, L. Men's fertility and family size as compared women's. In: IUSSP GENERAL POPULATION CONFERENCE, 21, 2001, Salvador. *Anais...* Liège: IUSSP, 2001. pp. 1-22.

_____. The place of children in the history of couples. *Population*, New York, v. 7, pp. 163-186, 1995.

TRAVIS, S. *Construções familiares*; um estudo sobre a clínica do recasamento. Rio de Janeiro, 2003. 175f. Tese (Doutorado em

Psicologia Clínica) – Faculdade de Psicologia, Pontifícia Universidade Católica do Rio de Janeiro, 2003.

THORNTON, A.; AXINN, W. G.; HILL, D. H. Reciprocal effects of religiosity, cohabitation, and marriage. *American Journal of Sociology*, v. 98, n. 3, pp. 628-651, 1992.

TURKENICZ, A. *A aventura do casal*. Porto Alegre: Artes Médicas, 1995.

URRIBARRI, A. C.; URRIBARRI, R. Consideraciones sobre el divorcio y la nueva familia del divorciado. In: USANDIVARAS, C. M. *Divorcio y nuevas organizaciones familiares*. Buenos Aires: Edigraf S.A., 1986.

UZIEL, A. P. "Tal pai, tal filho"; em tempos de pluriparentalidade, expressão fora de lugar? Trabalho apresentado no XXIV Encontro Nacional da ANPOCS – GT família e sociedade. Petrópolis, 2000.

VAZ, W. M. C. Dissoluções e formação de novas uniões; uma análise demográfica das tendências recentes no Uruguai. *Texto Nepo 56*, Campinas, p. 238, set. 2008.

VELHO, G. Observando o familiar: In: VELHO, G. *Individualismo e cultura*. Rio de Janeiro: Zahar, 1986.

VILLA, M. B.; DEL PRETTE, Z. A. P.; DEL PRETTE, A. Habilidades sociais conjugais e filiação religiosa; um estudo descritivo. *Psicologia em Estudo*, Maringá, v. 12, n. 1, pp. 23-32, jan./abr. 2007.

WADSBY, M.; SVEDIN, C. G. Parental divorce; from the children's viewpoint. *Nord J. Psyquiatry*, Oslo, v. 48, pp. 107-116, 1994. Disponível em: <http://www.informaworld.com/smpp/content~content=a786708670&db=all>. Acesso em: 02 abr. 2010.

WAGNER, A. Despertando o interesse pela pesquisa científica em Psicologia. *Psico*, Porto Alegre, v. 31, n. 1, pp. 123-131, 2000.

WAGNER, A. et al. Configuração familiar e gênero; um estudo com adolescentes sobre família, casamento, separação e projetos vitais. *Revista da Pós-Graduação da PUC/RJ*, Rio de Janeiro, v. 10, pp. 99-112, 1999.

WAGNER, A.; FALCKE, D. Mothers and stepmothers; social myths and self-concept. *Estudos de Psicologia*, v. 5, n. 2, pp. 421-441, 2000.

WAGNER, A.; FALCKE, D.; MEZA, E. B. D. Crenças e valores dos adolescentes acerca de família, casamento, separação e projetos de vida. *Psicologia: Reflexão e Crítica*, v. 10, n. 1, pp. 155-167, 1997. Disponível em: <http://www.scielo.br/scielo.php?script=sci_arttext&pid=S0102-79721997000100011&lng=en>. Acesso em: 12 mar. 2010.

WAGNER, A.; FÉRES-CARNEIRO, T. O recasamento e a representação gráfica da família. *Temas em Psicologia da SBP*, Ribeirão Preto, v. 8, n. 1, pp. 11-19, 2000.

WAGNER, A.; GRZYBOWSKI, L. S. Uma andorinha sozinha não faz verão? A mulher divorciada e a monoparentalidade familiar. *Psicologia Clínica*, Rio de Janeiro: PUCRJ, v. 15, n. 2, pp. 13-30, 2003. Impresso.

WAGNER, A.; SARRIERA, J. C. Características do relacionamento dos adolescentes em famílias originais e reconstituídas. In: FÉRES--CARNEIRO, Terezinha (org.). *Casal e família*; entre a tradição e a transformação. Rio de Janeiro: Nau, 1999.

WAITE, L. J. et al. *Does divorce make people happy?* Institute for American Values, 2002. Disponível em: <http://www.americanvalues.org/html/r-unhappy_ii>. Acesso em: 02 fev. 2010.

WALLESTEIN, J. Children of divorce; emerging trends. *Psychiatric Clinics of North America*, v. 4, pp. 837-855, 1985.

WALLERSTEIN, J.; KELLY, J. *Sobrevivendo à separação*; como pais e filhos lidam com o divórcio. Porto Alegre: Artmed, 1998.

WALLERSTEIN, J.; LEWIS, J.; BLAKESLEE, S. *Filhos do divórcio*. São Paulo: Edições Loyola, 2002.

WALSH, F. *Normal family processes*. New York: Guilford Press, 1993.

WALZER, S. *Thinking about the baby*; gender and transition into parenthood. Philadelphia: Temple University Press, 1998.

WEAVER, A. J.; KOENIG, H. G.; LARSON, D. B. Marriage and family therapists and clergy; a need for clinical collaboration, training, and research. *Journal of Marital and Family Therapy*, v. 23, pp. 13-25, 1997.

WEINRAUB, M.; GRINGLAS, M. The more things change... single parenting. *Journal of Family*, v. 16, n. 1, pp. 29-52, 1995.

Impresso na gráfica da
Pia Sociedade Filhas de São Paulo
Via Raposo Tavares, km 19,145
05577-300 - São Paulo, SP - Brasil - 2012